An Ghaeilge i gCéin

Siún Ní Dhuinn, *eag.*

GUTH NUA
*Leabhair*COMHAR

An Ghaeilge i gCéin

Foilsithe ag *Leabhair*COMHAR
(inphrionta de COMHAR Teoranta,
5 Rae Mhuirfean, Baile Átha Cliath 2)
www.leabhaircomhar.com

An chéad chló © 2011 Siún Ní Dhuinn agus na húdair

ISBN 978–0–9557217–7–9

Clúdach & Dearadh: Graftrónaic
Grianghraif: Éamonn Smyth
Clódóirí: Brunswick Press

Tá *Leabhair*COMHAR faoi chomaoin ag
Clár na Leabhar Gaeilge
(Foras na Gaeilge)

Foras na Gaeilge

An Chomhairle Ealaíon

as tacaíocht airgid a chur ar fáil le haghaidh fhoilsiú an
leabhair seo.

CLÁR

An Ghaeilge i gCéin

BROLLACH

Siún Ní Dhuinn

Glactar leis go bhfuil áit lárnach ag an imirce, ag an deoraíocht, agus corruair, ag an bhfilleadh i scríbhneoireacht an náisiúin sa litríocht Éireannach, idir Ghaelach agus Angla-Éireannach. Ní gá ach sracfhéachaint a thabhairt ar chanóin liteartha na tíre chun é seo a aithint. Léirigh Seosamh Mac Grianna nach gá imeacht rófhada ar shiúl le bheith sainithe i meon an deoraí, agus é ina chónaí i mBaile Átha Cliath. Chíor Máirtín Ó Direáin ina chuid filíochta ceist na háite dúchasaí agus é ag cuimhniú siar ar an samhradh thiar. Cheistigh Myles na gCopaleen tábhacht na háite, a muintir agus a féiniúlacht agus é ag trácht ar Chorca Dorcha in *An Béal Bocht* agus bhunaigh Pádraic Ó Conaire úrscéal duairc iomlán ar an téama céanna. Thrasnaigh an móitíf seo an teorainn idir an litríocht sa Ghaeilge agus an litríocht Bhéarla na hÉireann Tá rian den deoraíocht le feiceáil chomh maith i scríbhinní Samuel Beckett, a chaith an chuid is mó dá shaol i bPáras agus tá sé le feiceáil freisin ina shaothair. John McGahern, mar shampla, a chuir síos ar an aistriú ón áit tuaithe go dtí an spás uirbeach. Tá an móitíf go smior ionainn agus inár scríbhneoirí go fóill. Tá úrscéalta scríofa ag William Trevor a chuireann síos ar ghnéithe den intinn Éireannach

9

agus iad ar deoraí. Pléann Roddy Doyle ceist na féiniúlachta i gcomhthéacs na deoraíochta in *Deportees*.

Le cúinsí eacnamaíochta ag brú ar gach cuid de shaol na tíre, tá an imirce i mbéal an phobail agus i mbéal agus i bpinn na scríbhneoirí arís. Cé go raibh imirce ann i gcónaí, sna blianta saibhre chomh maith, is é an imirce an chloch is mó ar phaidrín na hÉireann faoi láthair. Daoine óga oilte ag fágáil slán lena dteaghlaigh agus lena gcairde agus ag imeacht leo agus ag cur fúthu san Áis, i gCeanada agus san Astráil, cuirim i gcás. Tagann ceisteanna an chultúir agus na féiniúlachta chun cinn in am imirce: Cad atá fágtha ina ndiaidh? Cad is fiú fanacht? Nach bhféadfaí saol níos fearr a dhéanamh ar thalamh i gcéin? An bhfuil aon difríocht shuntasach idir tír a muintire agus gach tír eile ar domhan? Tá athshamhlú agus athchruthú na nÉireannach ar bun le himeacht gach duine acu agus beidh impleachtaí aige sin ar shaol na litríochta sa tír seo go ceann tamaill fhada.

Tháinig an bunsmaoineamh don leabhar seo chugam agus mé ag fágáil slán le beirt chairde de mo chuid. Bhí duine amháin acu ag dul go Ceanada agus an duine eile go Nua Eabhrac le múineadh. Chaith mé cúpla seachtain ag freagairt ceisteanna ó chairde eile: Cá raibh siad imithe? An raibh éileamh ar an nGaeilge taobh amuigh den tír inar saolaíodh iad? Cén mhaitheas a bhí le dul thar lear leis an teanga a mhúineadh do strainséirí? Cén fáth a mbeadh spéis ag daoine nach de shliocht Éireannach iad sa teanga bheag imeallaithe seo?

Is ag freagairt na gceisteanna seo a chuir ag machnamh mé faoin timpeallacht teanga atá tar éis leathnú amach os ár gcomhair le deich mbliana anuas. Mheas mé nach raibh sé éasca na ceisteanna seo a fhreagairt gan seasamh siar agus an tírdhreach teangeolaíochta agus sóchtheangeolaíochta a thomhas. I dteanga ar bith, tá difríocht idir an teanga mar atá sí anois agus an teanga mar a bhí sí deich mbliana roimhe sin, agus is fíor sin i gcás na Gaeilge, go cinnte. De bharr Facebook, Twitter, Linkedn, YouTube, Skype, Tumblr agus blaganna, tá *online presence* ag gach mac máthar agus tá gach gné den chultúr ann freisin. Is trí na líonraithe sóisialta seo a chuireann daoine iad féin in iúl anois agus go gcruthaíonn siad féiniúlacht, go fíoriúil ar líne. Cuireann siad síos ar a saol os comhair an domhain mhóir, insíonn siad do gach duine na cineálacha caitheamh aimsire atá acu, cén ghairm bheatha atá acu agus leanann siad daoine ar spéis leo iad nó a gcuid suimeanna. Go baileach, nochtaíonn daoine iad féin trí phictiúir aontuiseacha agus trí na cairde atá acu.

Tugaim faoi deara, nach daoine amháin atá ag cruthú próifíl ar líne ach tá comhlachtaí, feachtais agus teangacha ina measc freisin. Má chaitheann tú cúpla nóiméad ag póirseáil trí Twitter nó Facebook, tá sé rí-shoiléir go bhfuil áit nua cruthaithe do dhaoine ar spéis leo an Ghaeilge agus gach ní a bhaineann léi. Tá áit ann don té ar mhaith leis nó léi clásal coibhneasta na copaile a phlé, agus tá áit ann don té ar mhaith leis nó léi canúint Oirialla a chéiliúradh. Níl aon rud imeallaithe ar an idirlíon, bí cinnte de go bhfuil daoine eile amuigh ansin a bhfuil an spéis chéanna acu agus atá agatsa, bíodh siad in Taiwan nó san Iarmhí. Tá nasc cothaithe ag an idirlíon don phobal a bhí scaipithe amach óna chéile, agus anois, d'fhéadfaí pobal, fiú más pobal samhalta atá ann, a thabhairt air. Tá fadhb amháin a bhaineann le hathbheochan na teanga sáraithe ag an idirlíon, is í sin, go bhfuil ceangail cumtha idir gach cainteoir dúchasach nó neamhdhúchasach. Níl muid scaipithe ar iarthar chósta na hÉireann a thuilleadh, ach ar fáil go náisiúnta, agus níos tábhachtaí fós, go hidirnáisiúnta ar chósta an leathanbhanda. Tá muid, mar phobal, níos giorra dá chéile ná riamh agus teagmháil láithreach againn lena chéile, cé go bhfuil an baol ann nach gcuirfimid aithne ar aghaidheanna a chéile go deo. Samhlaítear lucht labhartha na Gaeilge mar phobal beag in áit tuaithe ina mbeadh aithne ag daoine ar a chéile, agus ar na glúine a chuaigh rompu. Ní mar sin atá sé a thuilleadh agus measctar an Ghaeilge uirbeach leis an nGaeilge dhúchasach; an duine aonair leis an bhfeachtas teanga, agus oireann an phróifíl nua don nós nua-aimseartha de *copy and paste*.

Tá domhan na Gaeilge anois níos oscailte ná mar a bhí ariamh roimhe seo agus tá teacht ar fhíseáin a mhúineann fuaimniú na teanga chomh maith le ceachtanna gramadaí a léiríonn struchtúr na n-abairtí. De bharr na bhforbairtí seo, d'fhéadfaí a mhaíomh go bhfuil an Ghaeilge ag fáiltiú roimh fhoghlaimeoirí nua agus roimh fhuinneamh úr idirnáisiúnta, rud a bhí ag teastáil le fada an lá. Tugtar blas agus meon idirnáisiúnta ar an rud áitiúil, náisiúnta. Tagann na daoine nua seo chun na teanga le meon glan oscailte i dtreo na teanga, gan slabhraí fhéiniúlacht na tíre iarchóilíní agus cuireann siad spéis i ngach focal. Is í an fhéiniúlacht seo atá á hathchruthú i gcomhthéacs na teicneolaíochta nua-aimseartha agus fuil nua don teanga ársa. Tá teagmháil láithreach ag gach duine le Gaeilge lena chéile, más mian leo é, i bhfoirm haischlibe ar Twitter. Fáiltíonn an domhan teicneolaíochta roimh fhoghlaimeoirí agus roimh fhuinneamh nua agus is é an taobh nua seo a raibh mé ag smaoineamh air agus an leabhar seo á chur le chéile. Níor samhlaíodh ariamh go mbeadh nuachtán d'inimircigh le colún dátheangach, Gaeilge agus Béarla ann agus go léifí é! Tá sé sin ann anois agus tá próifíl na teanga ag athrú de shíor; comhartha dearfach don teanga.

A bhuíochas le hAcht na dTeangacha Oifigiúla agus an stádas oifigiúil atá bainte amach ag an teanga san Aontas Eorpach, tá muintir na hEorpa ag tabhairt níos mó airde uirthi agus orainn dá réir. Is é an meascán seo den stádas agus den mheas nua, chomh maith leis an tobar eolais agus fuinnimh atá ar líne, a fhorbraíonn an t-aitheantas agus an phróifíl dhomhanda.

Is éard atá sa leabhar seo ná bailiúchán de smaointeoireacht daoine le Gaeilge atá nó a bhí ina gcónaí taobh amuigh den oileán seo. Daoine éagsúla le cúlraí difriúla atá ag tabhairt faoi thionscnaimh éagsúla:teagasc na Gaeilge thar lear, nó ag cur fúthu in áit i gcéin le féith an scríbhneora iontu. Tuairimí daoine i gcéin ar an bhféiniúlacht a bhaineann leis an teanga, an taithí thar lear trí Ghaeilge, machnamh ar dhul chun cinn na teanga i dtíortha i gcéin agus an rian a fágadh orthu agus a gcuid ama caite acu. Tá cónaí ar chuid de na húdair thar lear i gcónaí go fadtéarmach agus tá seal caite ag daoine eile in áiteanna eile agus ní Éireannaigh iad ar fad. An meascán d'eispéiris cuireann sé eolas ar chultúir agus ar nósanna nua agus ar thuairimí ar theangacha eile go mór leis an rud atá i gcoiteann againn ar fad. Saibhrítear tuiscintí agus leathnaítear meoin trí bhlaiseadh a fháil den scéal i gcéin agus é a ríomh i gcomhthéacs na teanga agus a dúshláin ina tír dhúchais.

Is mian liom buíochas a ghabháil le gach scríbhneoir a chaith dua agus am le píosa a scríobh don leabhar. Braithim gur píosaí spéisiúla, iltoiseacha agus luachmhara iad, gach uile cheann acu. Tá mé buíoch d'Eamonn Smyth, a sholáthair grianghraif den scoth agus de Dhaire Ó Beaglaoich a dhear an clúdach. Is mór agam an réamhrá a scríobh an tOllamh Pádraig Ó Siadhail atá machnamhach agus tomhaiste bunaithe ar a thaithí phearsanta thuisceanach ar chás na nÉireannach thar lear. Ba mhaith liom mo bhuíochas a ghabháil le coiste *Leabhair*COMHAR a chabhraigh liom agus leis an Dr Liam Mac Amhlaigh go háirithe, as a chuid comhairle agus a thacaíocht leanúnach ón gcéad chéim go dtí an chéim dheireanach i gcur le chéile an leabhair.

Mí Dheireadh Fómhair 2011

Pádraig Ó Siadhail

Sna blianta luatha i gCeanada sna 1980í déanacha dom, ba mhinic a fiafraíodh díom céard iad na rudaí ba mhó a chronaínn agus mé as baile. Níorbh fhada go raibh liosta gearr de ghlanmheabhair liodánach agam: *Irish Times* an tSathairn, Raidió na Gaeltachta, arán rua agus … is ea … ispíní de chuid na hÉireann. Is iomaí athrú teicneolaíoch atá ar an saol le breis is fiche bliain anuas. Tig liom *Irish Times* na maidine dár gcionn a léamh sula dtéim a chodladh san oíche agus tá teacht ar RnaG beo beathach ar an idirlíon, gan trácht ar chláracha de chuid TG4 a bheith ar fáil. Ach ní athraíonn rudaí eile. Cúpla bliain ó shin bhí bean ó Chonamara ag obair liom in Ollscoil Mhuire Naofa i Halifax na hAlban Nua faoin scéim teanga a bhí á maoiniú ag an Roinn Ealaíon, Oidhreachta agus Gaeltachta is á riar ag Fondúireacht Ollscoil Éireann Cheanada. "Cad a airíonn tú uait?" arsa duine léi. "Málaí tae Barrys," arsa bean Chonamara, "agus … is ea … ispíní de chuid na hÉireann."

Ró-éasca a bhíonn sé díriú ar a gcailltear nuair a bhíonn tú as baile. Níl ann ach insint amháin ar an scéal. Ní hann don imirceach nár chaill – is nár bhain. Tá na blianta fada atá caite agam thar sáile tar éis ligean dom blaiseadh de shaol atá, a bheag nó a mhór, éagsúil leis an saol a bheadh agam dá mbeinn i ndiaidh mo ghairm bheatha a chaitheamh in Éirinn. Luíonn sé le ciall go rachadh an tsaoltaithí sin i gcion orm mar dhuine. Lena chois sin, tá mo sheal i gcéin tar éis ligean dom, mar scoláire is mar scríbhneoir ficsin Gaeilge, teacht ar ábhar taighde is scríbhneoireachta nach dtiocfainn air go deo dá mbeinn i ndiaidh fanacht in Éirinn nó gan corraí aisti ach ó am go chéile.

Mar thaighdeoir scolártha is mar scríbhneoir ficsin, is fearr liom díriú ar phearsana ná ar imeachtaí nó ar eachtraí. Tá dúil ar leith agam i rud ar a dtugaim 'glaoch an dúchais' – an dóigh ina músclaítear i ndaoine a rugadh is a tógadh taobh amuigh d'Éirinn spéis san Éireannachas nó sa Ghaelachas. Is furasta magadh faoina leithéid: 'Plastic Paddy' an téarma diúltach díspeagúil atá i mbéal an phobail le cur síos ar an fheiniméan sin, a deir Brian Dooley ina leabhar breá *Choosing the Green?*[1] Ach níl a dhath éadomhain shamrogách ag roinnt le cruachinneadh Phiarais Béaslaí, ag aois 24 bliain dó tar éis dó dua nach beag a chur air féin leis an Ghaeilge a fhoghlaim i Learpholl Shasana, teacht a chónaí in Éirinn chun a chion féin a dhéanamh ar son athnuachan chultúrtha is pholaitiúil na hÉireann.[2] Nó le hiarrachtaí díograiseacha Katherine Hughes, bean Cheanadach is cara le Pádraic Ó Conaire, le páirt gníomhach a imirt san fheachtas bolscaireachta ar son chúis na hÉireann i Meiriceá Thuaidh 1916–1921 is le post mar scríbhneoir cónaitheach a mhaoiniú don Chonaireach in ollscoil na Gaillimhe.[3] Nó le haistí béaloideasa Éireannacha a scríobh an scoláire iomráiteach i ngort Léann na mBundúchasach Meiriceánach, James Mooney, aistí a bhí bunaithe cuid mhaith ar thaighde a rinne sé i measc na n-imirceach Éireannach i Meiriceá, agus aistí inar thug sé tús áite eisleamláireach don Ghaeilge.[4]

Mar an gcéanna, lenár linn féin, níl a dhath tacair ag baint leis an obair mhór i Léann na Gaeilge atá déanta ag scoláirí Meiriceánacha, dála Philip O'Leary in Boston College a bhfuil comaoin bhuan curtha aige ar chriticí is ar chroiniceoirí litríocht na Gaeilge sa chéad leath den fhichiú haois, agus Kenneth Nilsen in Ollscoil St Francis Xavier in Antigonish na hAlban Nua, fear a bhfuil taighde bunúil ceannródaíoch déanta aige ar stair na Gaeilge i Meiriceá Thuaidh. Ní miste dom tagairt do dhuine eile, mar atá, m'iarchomhghleacaí, Cyril Byrne arbh as Talamh an Éisc ó dhúchas dó. B'eisean a bhunaigh Cathaoir an Léinn Éireannaigh in Ollscoil Mhuire Naofa. Fear é Cyril nach raibh mórán Gaeilge aige riamh, ach duine é a thuig luach is tábhacht na teanga is a chreid go diongbháilte go lá a bháis nach mbeadh sa Léann Éireannach mar réimse staidéir idirdhisciplíneach ach earra suarach neamhfhorbartha mura mbeadh ionad lárnach ag an Ghaeilge ann.

Siúlach scéalach atá pobal na Gaeilge ó thús a ré. Toisc bua na litearthachta a bheith acu nó ag a lucht leanúna, tá cuntas agus cur síos againn ar an taisteal a rinne cuid de na manaigh, den ardaicme is den aos dána a d'fhág Éire dá ndeoin is dá n-ainneoin féin. (Sampla is ea aiste bhreá Phádraig Uí Liatháin faoin Ghaeilge is faoi Dhonncha Rua Mac Conmara i dTalamh an Éisc sa leabhar seo den taighde a thugann chun solais cuid den stair sin). Cheal foinsí, is deacra ríomh a dhéanamh ar thuairisc an ghnáthphobail a thug an loch amach orthu féin de dheasca choranna na staire ó lár an 19ú haois go háirithe a ríomh. "Between 1856 and 1910, 49.3 per cent of all Irish emigrants to the United States came from those counties where the speaking of the Irish language was strongest," a deir an scoláire, Úna Ní Bhroiméil.[5] Staitistic thur é a cheileann ar éigean scéal pobail is scéal teanga. Den chuid is mó, táimid i dtaobh le leideanna, le gaoth an fhocail, le blúiríní faisnéise faoi stair na teanga sna tíortha sin – Sasana, Ceanada, na Stáit Aontaithe is an Astráil, cuirim i gcás – inar chuir na mílte cainteoir Gaeilge fúthu. Díol spéise é an sliocht as an leabhar Gàidhlige *Brigh an Òrain* atá ag Séamus Mac Floinn ina aiste sa leabhar seo. Casadh fir oibre ó Éirinn ar amhránaí Gàidhlige ó Cheap Breatainn, Lauchie MacLellan, ar an uaigneas in Labradar sa bhliain 1953. Cainteoirí Gaeilge ba ea na hÉireannaigh a raibh stór amhrán as an traidisiún acu. Ní deirtear cér leis na Gael sin nó cárbh as dóibh go baileach. Scáileanna gan ainmneacha iad a sheasann ina slí féin do thromlach lucht na Gaeilge nach bhfuil aon tagairt dóibh sa taifead oifigiúil thar lear.

Bíodh sin mar atá, tá a fhios ag an saol Fódlach gurbh fhada slabhra na hinimirce idir áiteanna ar nós Chonamara is Nua-Shasana agus gur éirigh le cuid de na himircigh a dteanga dhúchais a choinneáil beo. Mhaígh Proinsias Mac Aonghusa breis is tríocha bliain ó shin: "Tá Gaeilge le clos coitianta go leor fós i dtithe tábhairne i Springfield, Massachusetts, agus thart ar Dorchester, Massachusetts. Gaeilge Chiarraí i Springfield agus Gaeilge Chonamara in Dorchester. I sráid i mBostún i 1969 chualas féin agus fear eile as Ros Muc ceathrar fear a bhí ag obair i bpoll ag labhairt Ghaeilge. Triúr as Conamara agus fear dubh a raibh Gaeilge mhaith tugtha leis aige de bharr blianta a bheith caite aige ag obair le fir oibre as an gCeathrú Rua".[6] Níl a fhios agam an mó Gaeilge atá le cluinstin sna tithe tábhairne sin anois. Mar shampla, thabharfadh *Hungry for Home*, leabhar Cole Moreton faoi mhuintir na mBlascaod sa bhaile agus i gcéin nach bhfuil an Ghaeilge beo i measc shliocht na mBlascaodach i Springfield a thuilleadh.[7] Ach is ann don Ghaeilge i Nua-Shasana go fóill – tá na siní sin den slabhra a shíneann siar go Conamara slán i gcónaí – ach ar nós chás na Gaeilge in Éirinn féin taobh amuigh de na ceantracha Gaeltachta ba láidre, tá na gréasáin bheaga chainteoirí i ndiaidh teacht i gcomharba ar an phobal teanga.

Teanga mhionlaigh is ea an Ghaeilge. Teanga dhomhanda í fosta a bhfuil cainteoirí nó gréasán cainteoirí aici i ngach cearn den domhan. Tá litríocht dhomhanda aici lena cois. Mar is léir ón éagsúlacht ábhair is ón ilghnéitheacht in *Ar an gCoigríoch. Díolaim Litríochta ar Scéal na hImirice* a chuir Aisling Ní Dhonnchadha is Máirín Nic Eoin i dtoll a chéile, tá scríbhneoirí na Gaeilge tar éis tarraingt ar théama na himirce go rábach flúirseach. Ach gné eile de scéal na nua-litríochta Gaeilge ná líon na leabhar le húdair a bhfuil cónaí orthu taobh amuigh d'Éirinn.

I léirmheas ar *"An bhfuil Cead Agam Dul Amach, Más é do Thoil é?"* (2009), an cnuasach filíochta is déanaí le Derry O'Sullivan – a bhfuil dánta leis sa leabhar seo – scríobh Pádraig Ó Gormaile faoin fhile a bhfuil cónaí air i bPáras ón bhliain 1969: "Tá Derry O'Sullivan ar an scríbhneoir Gaeilge is faide a bhfuil cónaí air thar lear agus sa Fhrainc ó aimsir na bPéindlithe ar aghaidh agus is é an scríbhneoir Éireannach is faide a bhfuil cónaí air i bPáras ó cailleadh Samuel Beckett" é.[8]

Le bliain nó dhó anuas – gan ach tréimhse shamplach ghearr amháin a roghnú – tá an t-úrscéal *Cogadh Dearg* (2008) le Séamas Ó Neachtain, fear a rugadh is a tógadh i Meiriceá, léite agam. Agus *Súil Siar* (2008) cnuasach aistí leis an Chorcaíoch uasal groí sin, Barra Ó Donnabháin, a chaith blianta fada i Nua-Eabhrac. Agus an dá leabhar sa tsraith bhleachtaireachta 'Seán Ruiséal' le Seán O'Connor, Baile Átha Cliathach, a chónaíonn sna Stáit Aontaithe. Agus *Ceallaigh. Scéal ón mBlár Catha* (2009), úrscéal suite i gCúba le Tomás Mac Síomóin a chónaíonn i mBarcelona. File é Mac Síomóin lá den saol a bhfuil níos mó déanta aige ná aon scríbhneoir eile le deich mbliana anuas chun ficsean próis na Gaeilge a athnuachan. Ansin tá údair ann nach bhfuil braonán Éireannach iontu ó dhúchas: Panu Petteri Höglund san Fhionlainn a d'fhoilsigh *Sciorrfhocail* (2009), bailiúchán gearrfhicsin. Nó an fear ildánach sin ón Ísiltír, Alex Hijmans. Ceann de na leabhair atá agam ar mo Kindle ná úrscéal Hijmans, *Aiséirí*, a foilsíodh ag tús 2011. Ar leibhéal an-íseal ar fad, níl in *Favela* (2009), an cuntas breá inléite sin le Hijmans, faoina bhfaca sin le linn dó a bheith ag cur faoi ar feadh sé mhí in Tancredo Neves, bruachbhaile bocht taobh amuigh de Salvador, an tríú cathair is mó sa Bhrasaíl, ach suíomh anghrách eile ar léarscáil litearta dhomhanda na Gaeilge. Déarfainn gur fhág mé cúpla ainm is cúpla teideal ar lár as an liosta thuas fosta, gan an ráitheachán, *An Gael*, a fhoilsíonn Cumann Carad na Gaeilge/The Philo-Celtic Society sna Stáit Aontaithe, a chur san áireamh.[9] Agus níor luamar imeachtaí Hector is cláracha taistil eile de chuid TG4 go fóill.

Tá sé le tuiscint as an sliocht thuas le Proinsias Mac Aonghusa faoin fhear gorm i mBostún a shealbhaigh an Ghaeilge gur ait an mac an saol. Ach is den ilchultúrachas anois Éire ár linne, agus cead ag gach duine, bíodh sé ina shaoránach gorm, ina theifeach polaitiúil donnbhuí nó ina imirceach eacnamaíochta geal, a chuid féin a dhéanamh den teanga. Mar an gcéanna, ní le hÉirinn nó le hÉireannaigh amháin an Ghaeilge. Iarracht le spás fisiciúil a chruthú don teanga, do lucht a foghlama is do lucht a labhartha is ea cinneadh Arailt Mhic Giolla Chainnigh is a chomrádaithe 'Gaeltacht Thuaisceart an Oileáin Úir' a bhunú is a lonnú taobh amuigh de Tamworth, in Ontario.[10] Róluath atá sé le rá cén toradh a bheidh ar an fhiontar sin ach is doiligh gan misneach is idéalachas lucht a bhunaithe a mholadh go hard na spéartha. Ach is é fírinne an scéil – agus tacaíonn na cuntais ar mhúineadh na Gaeilge in ollscoileanna i Meiriceá

Thuaidh is i suíomhanna eile i Nua-Eabhrac sa leabhar seo leis seo – go bhfreastalaíonn áiseanna mar sin agus imeachtaí, dála ranganna is dhianchúrsaí deiridh seachtaine, ní amháin ar Éireannaigh ó dhúchas is ar shliocht a sleachta ach ar dhaoine ó gach cúlra eithneach is teangeolaíoch a bhfuil spéis acu i gcultúr na hÉireann. Duine de na céimithe ollscoile seo againne i mbliana bean Mohawk ó Ontario, bean a bhfuil dúil thar na bearta aici sa Ghaeilge.

Eagraíocht ghníomhach le haghaidh lucht na Gaeilge i limistéar Nua-Eabhraic is ea 'Daltaí na Gaeilge'.[11] Is iadsan a eagraíonn an 'Deireadh seachtaine Gaeltachta' sa taobh sin tíre. Is maith is cuimhin liom an lá a ndeachaigh mé síos chuig na céanna i Halifax le bualadh le scaifte ó Dhaltaí na Gaeilge a bhí i ndiaidh teacht ar thuras mara ó Nua-Eabhrac go Halifax, agus imeachtaí Gaeilge ar siúl acu i rith an aistir. Anuas ón long chúrsála le céad duine, isteach i mbus amháin liomsa is le leathchéad acu a bhí le camchuairt na cathrach a thabhairt trí mheán na Gaeilge. Ceann de na radhairc a bhí le hiniúchadh againn ná an reilig i Halifax ina bhfuil 150 duine a bádh ar an *Titanic* curtha. Agus cuntas á thabhairt agam ar an lá breá sin ó shin, ní fhéadfainn gan cur suas don shá beag magaidh go mbeadh deireadh leis an Ghaeilge mar theanga bheo i gceantar Nua-Eabhraic dá mbeadh an long chúrsála sin lán le Gaeilgeoirí i ndiaidh cnoc oighir a bhualadh ar an bhealach aneas! Ach taobh thiar den ghreann dubh is den spochadh, is ann d'fhíric dhoshéanta amháin. Dream iad Daltaí na Gaeilge atá chomh dílis tiomanta sin don Ghaeilge is atá aon duine in Éirinn.

Mar sin, is é an pointe is gléiní a cheanglaíonn na haistí is na dréachtaí sa leabhar seo le chéile gur de phobal mór na Gaeilge na daoine sin atá ag labhairt na teanga, á scríobh, ag tógáil clainne le Gaeilge thar sáile.

Is den ghaois go dtabharfadh pobal na Gaeilge sa bhaile aird ar a bhfuil le rá agus le tairiscint ag lucht na Gaeilge i gcéin, go dtabharfadh an chéad dream lámh chuidithe don dream eile is glacadh leis an láimh atá á síneadh chucu.

Ba chuma nó bosca seacláide é an saol, a deireadh mamaí Forrest Gump. Is cuma nó ispín an Ghaeilge, a deirim féin! Is doiligh ispíní na hÉireann a bharraíocht, cinnte. Ach níl aon chaill ar na cinn ó thíortha eile na hEorpa, ón Áis nó ón Afraic. Cé a deir nach ceadmhach dúinn, pobal na Gaeilge, na táthchodanna is súmhaire, na spíosraí is andúchasaí, an *je-ne-sais-quoi* blasta sin nach-fios-d'éinne-faoi-thalamh-an-domhain-cad-atá-ann -nó-cad-as-ar-tháinig-sé, is na modhanna cócaireachta ba nuálaí a tharraingt chugainn is ár gcuid féin a dhéanamh díobh. Is fearrde sinne uilig é. Is tréisede an Ghaeilge é.

Halifax na hAlban Nua, Ceanada
Deireadh Fómhair 2011

NOTAÍ
1   Brian Dooley, *Choosing the Green? Second Generation Irish and the Cause of Ireland*. Belfast: Beyond the Pale Publications, 2004, 1.

2   Pádraig Ó Siadhail, *An Béaslaíoch. Beatha agus Saothar Phiarais Béaslaí (1881–1965)*. Baile Átha Cliath: Coiscéim, 2007.

3   Pádraig Ó Siadhail, "Ó Emerald go hÉirinn. Spléachadh ar Bheatha agus ar Shaothar Katherine Hughes," *Irisleabhar Mhá Nuad*, 1990; Pádraig Ó Siadhail, "Katherine Hughes, Irish Political Activist" in Bob Hesketh and Frances Swyripa (eds.), *Edmonton: The Life of a City*. Edmonton: NeWest, 1995, 78–87.

4   Pádraig Ó Siadhail, "James Mooney, 'The Indian Man', agus Béaloideas na hÉireann," *Béaloideas*, 77, 2009, 1–36; Pádraig Ó Siadhail, "'The Indian Man' and the Irishman: James Mooney and Irish Folklore," *New Hibernia Review*, 14.2, Samhradh 2010, 17–42.

5   Úna Ní Bhroiméil, "American Influence on the Gaelic League: Inspiration or Control?" in Betsey Taylor FitzSimon and James H. Murphy (eds.), *The Irish Revival Reappraised*. Dublin: Four Courts Press, 2004, 64.

6   Proinsias Mac Aonghusa, "An Ghaeilge i Meiriceá" in Stiofán Ó hAnnracháin (eag.), *Go Meiriceá Siar. Na Gaeil agus Meiriceá: Cnuasach Aistí*. Baile Átha Cliath: An Clóchomhar Tta., 1979, 30.

7   Cole Moreton, *Hungry for Home. Leaving the Blaskets: A Journey from the Edge of Ireland*. London: Penguin, 2000.

8   Pádraig Ó Gormaile. Léirmheas ar *An bhFuil Cead Agam Dul Amach, Más é do Thoil é? Feasta*, Feabhra 2010.

9   http://www.angaelmagazine.com

10   http://www.anghaeltacht.ca/

11   http://www.daltai.com/

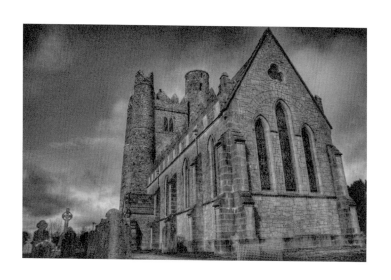

Píosaí Gloine Dhaite

Alex Hijmans

Is iomaí rud aisteach atá feicthe agam in Salvador – an chathair in oirthuaisceart na Brasaíle a bhfuil cónaí orm le ceithre bliana anuas – ach cuimhneoidh mé go deo ar an lá go bhfaca mé foclóir póca Gaeilge-Béarla de chuid Collins ina luí ar bhord lárnach taispeántais an tsiopa leabhar is mó sa chathair. Tá daonra de nach mór ceithre mhilliún duine ag Salvador – ach cén gá a bheadh acu le foclóir Gaeilge? Bíonn sé sách deacair teacht ar dhaoine a bhfuil Béarla acu, gan trácht ar dhaoine a mbeadh spéis acu i mionteanga nach bhfuil – bímis ionraic faoi – mórluach eacnamaíoch idirnáisiúnta ag baint léi.

Ní bhfuair mé amach riamh cén chaoi nó cén fáth ar bhain an foclóir sin an Bhrasaíl amach, nó céard a tharla dó (ní fhaca mé ó shin é.) Ar ordaigh Éireannach atá ina c(h)ónaí in Salvador é? Más ea, shílfeá go mbeadh aithne curtha agam air nó uirthi faoin am seo – agus níl. Mar sin féin, ba mhaith ann an foclóir sin an lá úd: bhí mé in ann a chruthú don bheirt chara a bhí i mo chuideachta gurbh ann don teanga rúndiamhrach sin ar ar thug mé 'Gaélico' – an teanga inar scríobh mé leabhar faoina gcathair – i ndáiríre. D'fhág mé an foclóir san áit a raibh sé. Ní raibh gá agam leis: tá Ó Dónaill agus De

Bhaldraithe sa teach agam, agus ceangal idirlín a chuireann ar mo chumas pé nua-théarmaíocht a theastaíonn uaim a aimsiú ar na foclóirí ar-líne.

Cheannaigh mé na (crua!) chóipeanna sin d'Ó Dónaill agus De Bhaldraithe – agus ualach úrscéalta – i Siopa Leabhar an Chonartha ar Shráid Fhearchair, thiar i samhradh na bliana 1994. Chuir siad meáchan mór i mo mhála droime agus mé ag taisteal ar ais chun na hÍsiltíre (ar an mbus – ní raibh ré na n-eitiltí saora tar éis tosú go fóill.) Bhí mé naoi mbliana déag d'aois agus bhí mé díreach tar éis cúrsa Gaeilge a dhéanamh ag Oideas Gael, i nGleann Cholm Cille. Céard a thug ar dhéagóir Ollainneach suim a chur i dteanga nach raibh ceangal ar bith aige léi agus a bhí – dar le formhór na nÉireannach a casadh orm agus mé ar mo bhealach go hiardheisceart Thír Chonaill agus ar ais – ar leaba a báis? Le scéal fada a dhéanamh gairid: teann ceanndánaíochta agus dúshlán na bhfocal rúndiamhracha ar na comharthaí bóthair ("*Crois Mhaoilíona*? Cén chaoi faoin spéir a fhuaimnítear a leithéid?")

Bliain ina dhiaidh sin, bhí mé i mo mhac léinn ag Léann Ceilteach Ollscoil na Gaillimhe, ar scéim idirmhalartaithe Erasmus. B'shin an uair ar fhoghlaim mé an Ghaeilge i gceart. Bhí árasán ar an gcampas á roinnt agam le cainteoirí Gaeilge agus ba bhall den Chumann Drámaíochta mé, áit ar fhoghlaim mé na focail sin ar fad nach n-aimsítear sna foclóirí. Agus mo chéim sa Léann Ceilteach bainte amach agam, thug mé faoin Ard-Dioplóma sa Chumarsáid Fheidhmeach – fós ag Ollscoil na Gaillimhe. An chéad rud eile ba iriseoir mé – leis an nuachtán *Foinse* ar dtús, ach is beag seomra nuachta Gaeilge nár chaith mé tréimhse ann as sin go dtí an bhliain 2007, nuair a thug cúrsaí grá go dtí an taobh eile den domhan mé.

Os cionn dhá chéad teanga a labhraítear sa Bhrasaíl, ach chaithfeadh duine dul isteach go domhain sa dufair lena bhformhór a chloisteáil – teangacha na mbundúchasach, gan fágtha ag cuid mhór acu ach dornán cainteoirí. Ar shráideanna Salvador ní chloistear ach Portaingéilis – nó leagan den Phortaingéilis, pé scéal é. D'fhág teangacha na nAfracach a tugadh go dtí an Bhrasaíl mar sclábhaithe, agus, go deimhin, oidhreacht theanga na mbundúchasach ar dearnadh slad orthu, a lorg ar an teanga atá á labhairt ag muintir Salvador sa lá atá inniu ann.

Creid é nó ná creid, ach tá bearna i bhfad Éireann níos leithne idir an bPortaingéilis oifigiúil (fiú leagan na Brasaíle den teanga) agus caint na ndaoine sa Bhrasaíl ná mar atá idir An Caighdeán Oifigiúil agus cánúintí éagsúla na Gaeilge. Fágann an difear ollmhór idir na leaganacha scríofa agus labhartha den teanga go bhfuil cosúlacht shuimiúil idir muintir na Brasaíle agus muintir na hÉireann: bíonn tuairim ag an dá dhream go bhfuil a dteanga féin níos deacra ná teangacha eile.

Is aisteach an chaoi a meabhraíonn an caidreamh casta atá ag muintir na Brasaíle lena dteanga féin Éire agus cás na Gaeilge dom. In Éirinn, chuirinn mo chaint in oiriúint don duine a bhí os mo chomhair: 'fridge' in ionad 'reoiteoir' le duine as an nGaeltacht, 'reoiteoir' in ionad 'fridge' le duine nach raibh an Ghaeilge ón gcliabhán aige. Déanaim an rud céanna sa Bhrasaíl: ní úsáidim an t-iolra ná an aimsir fháistineach nuair a labhraím le duine ar bith nach mbaineann leis na haicmí sóisialta is airde, mar is beag duine nach bhfuil oideachas tríú leibhéil aige a úsáideann iad (eisceacht shonrach is ea í mo mháthair chéile.) Ach an oiread leis an gcainteoir Gaeilge, bíonn an cainteoir Portaingéilise – sa Bhrasaíl, pé scéal é – de shíor faoi scrúdú ag a chuid chomhchainteoirí. Ní nach ionann agus i gcás na

Gaeilge, áfach, is é a stádas sóisialta – agus ní a áit dhúchais nó a chumas sa teanga – a bhíonn á mheas.

Ar ndóigh, níl an Ghaeilge ar cheann den os cionn dhá chéad teanga atá á labhairt sa Bhrasaíl (tá an Ollainnis, i dhá bhaile beag tuaithe i ndeisceart na tíre, ach sin scéal eile.) Fágann sé sin gur mise – go bhfios dom – an t-aon chainteoir Gaeilge i gcathair Salvador. Mar sin féin, úsáidim an teanga gach uile lá beo.

Saothraím mo chuid mar chomhfhreagraí idirnáisiúnta, agus is sna meáin Ghaeilge a fhoilsítear thart ar dhaichead faoin gcéad de mo chuid iriseoireachta. Lena chois sin is scríbhneoir mé – tá leabhar neamhfhicsin agus úrscéal foilsithe agam i nGaeilge agus foilseofar cnuasach gearrscéalta gan mhoill. Scríobh mé an trí shaothar sin i bhfad ó thobar na Gaeilge beo.

Ní raibh sé sin chomh héasca céanna i gcónaí. Bíonn Ó Dónaill agus De Bhaldraithe le mo thaobh – is ea, na cinn chéanna a cheannaigh mé i Siopa Leabhar an Chonartha beagnach scór bliain ó shin – agus bainim an-úsáid as www.focal.ie, www.acmhainn.ie agus www.potafocal.com, ach uaireanta ní bhíonn réiteach na faidhbe ag foclóir ar bith – clóite ná digiteach.

Fadhb ar leith a mbíonn ormsa, mar chomhfhreagraí idirnáisiúnta, dul i ngleic léi ná téarmaíocht i nGaeilge a aimsiú do nithe nó coincheapanna nach mbaineann le *habitat* nádúrtha na Gaeilge a bheag nó a mhór. Tá sé thar a bheith deacair, mar shampla, cur síos a dhéanamh i nGaeilge nádúrtha ar dhathanna éagsúla craicinn (tá thart ar scór focal i bPortaingéilis na Brasaíle chun cur síos ar imreacha éagsúla an chraicinn dhaonna.) Tá bealaí thart ar seo ('craiceann ar dhath cainéil') ach má bhaintear úsáid as meafair den chineál seo go ró-mhinic téann an téacs chun áiféise. (Foilsíodh alt de mo chuid ina bpléim an cheist seo níos mine in eagrán Bealtaine 2010 den iris *Comhar*).

Fadhb níos tromchúisí a bhíonn agam mar chainteoir 'aonair' ar an gcoigrích, agus níos deacra le réiteach, ná nach mbíonn comhchainteoirí Gaeilge in aice láimhe a bhféadfainn ceisteanna friotail, gramadaí nó eile a phlé leo. Agus is ea is faide an t-achar a chaithim i bhfad ón nGaeilge beo, is ea is mó an gá a bhíonn agam leo. Tá sé cloiste againn ar fad: Gaeilge mheirgeach ag cainteoirí a chuaigh ar imirce ar feadh blianta fada. Bíonn an seanbhlas acu ach bíonn rud éigin as alt. Samhlaigh cad a tharlaíonn do Ghaeilge dhuine nár fhoghlaim an teanga go dtí go raibh an scór bainte amach aige. Bhí sé d'ádh orm gur éirigh liom an Ghaeilge a thabhairt liom go réasúnta nádúrtha le linn an dá bhliain déag go raibh cónaí orm in Éirinn. Mar sin féin, gan ach ceithre bliana caite sa Bhrasaíl agam go fóill, bíonn orm an foclóir a oscailt níos minicí ná mar ba ghnách liom. Uaireanta bíonn focail mheasartha choitianta i gceist. An lá cheana bhí orm 'duán' a lorg in De Bhaldraithe.

Tá sé simplí go leor focal dearmadta a aimsiú, ach ar an drochuair bíonn tionchar ag an deoraíocht ar ghnéithe eile de chumas teanga an duine chomh maith: ar an ngramadach agus, ach go háirithe, ar an gcomhréir. Admhaím é: ó am go chéile bíonn orm frásaí a chaitheamh isteach in Google, féachaint an dtagann an t-inneall cuardaigh ar an bhfrása céanna, úsáidte ag duine éigin eile. Ní do mo chuid scríbhneoireachta i nGaeilge amháin a bhainim úsáid as an gcleas seo: bíonn orm dul ina mhuinín do mo theanga dhúchais, an Ollainnis, agus don Bhéarla.

An réiteach atá agam air seo – nó ar a laghad, an bealach atá agam le cinntiú nach ndéanfaidh an deoraíocht ach damáiste teoranta do mo chumas sa Ghaeilge – ná cuairt a thabhairt ar Éirinn go rialta: ar a laghad uair sa bhliain, dhá uair sa bhliain nuair is féidir. Agus ansin, ar ndóigh, oiread ama agus is féidir a chaitheamh i gcomhluadar chainteoirí Gaeilge. Bhí moladh spéisiúil ag an Ollamh emeritus Micheál Mac Craith agus an cheist seo á plé againn tar éis aoiléachta a thug mé ag Ollscoil na Gaillimhe: go ndéanfainn an chuid dheireanach den eagarthóireacht ar mo chuid saothar liteartha i nGaeilge in Éirinn. Tá saol an tsaoririseora casta, áfach, gan trácht ar shaol an té atá ag iarraidh teacht i dtír ar an scríbhneoireacht chruthaitheach: ní i gcónaí a bhíonn an t-am ná an t-airgead ar fáil rudaí a dhéanamh ar an mbealach a thaitneodh leis.

"Cén teanga ina mbíonn tú ag smaoineamh?" Dá mbeadh euro faighte agam gach uair dár cuireadh an cheist sin orm, ní bheadh aon fhadhb agam cuairt a thabhairt ar Éirinn uair ar bith dá mbuailfeadh an fonn mé. "Teanga ar bith," an freagra saghas braschainteach a bhíodh agam ar an gceist sin roimhe seo – óir ní dóigh liom go smaoiníonn éinne in abairtí cruinne, críochnaithe, le poncaíocht sna háiteanna cuí. Smaoinímid i mblúirí ceomhara, i lasracha lonracha. Aistrímid go friotal iad más gá. Ach tar éis dom an eagarthóireacht a chríochnú ar mo shaothar liteartha is déanaí, cnuasach gearrscéalta, tá freagra eile agam ar an gceist: "Iad ar fad."

Scríobh mé roinnt de bhundréachtanna na scéalta don chnuasach seo i nGaeilge, roinnt acu in Ollainnis agus roinnt eile arís i mBéarla. Mar chuid den phróiseas eagarthóireachta, d'aistreoinn an bundréacht – a bheadh i dteanga amháin – go dtí an dá theanga eile. Ansin, dhéanfainn eagarthóireacht ar an trí leagan taobh le taobh. Thug mé faoi deara gur chaith gach teanga solas ábhairín difriúil ar an eolas a bhí á thabhairt i gcuid mhór abairtí; mar a bheinn ag breathnú ar an tírdhreach céanna tríd trí phíosaí éagsúla de ghloine dhaite. Uaireanta bheadh an solas a chaithfeadh teanga amháin ar an rud a theastaigh uaim a rá chomh láidir sin go dtabharfadh sé léargas úrnua dom ar an mbunsmaoineamh. De réir a chéile tháinig mé ar an tuiscint gur mar seo a fheidhmíonn intinn an duine a bhfuil níos mó ná teanga amháin aige: faigheann duine ilteangach léargais dhifriúla ar a chuid smaointe féin agus é ag dul siar orthu sna teangacha éagsúla atá aige.

Bíonn cuma dhifriúil ar an domhan, mar sin, ag brath ar an teanga trína mbreathnaíonn tú air. I bPortaingéilis, mar shampla, d'fhéadfadh dath *moreno, negro, pardo* nó *preto* a bheith ar chraiceann an duine nach bhféadfaí a rá faoi i nGaeilge ach go bhfuil dath a chraiceann 'gorm'. Tugann rogha fairsing na téarmaíochta seo i bPortaingéilis léargas ní amháin ar éagsúlacht na ndathanna craicinn sa Bhrasaíl (agus i dtíortha eile ina labhraítear Portaingéilis), ach ar an bpolaitíocht a bhaineann leis an téarmaíocht freisin. Masla a bheadh ann dá dtabharfadh duine geal *preto* ar dhuine gorm, ach má thugann duine gorm *preto* air féin, tá an focal in úsáid aige mar a bhíonn an focal *queer* in úsáid futhú féin ag cainteoirí Béarla aeracha áirithe – le bród. Ní féidir na miondifríochtaí brí seo a léiriú i nGaeilge ach chomh beag is go bhféadfaí na miondifríochtaí brí a bhaineann le cineálacha éagsúla móna a léiriú i bPortaingéilis. Domhan dá chuid féin is ea gach teanga.

Elaine Ní Bhraonáin

Bhí dúil agam sa Ghaeilge ó aois an-óg mar gheall ar an meas a bhí ag m'athair Colm uirthi agus mar gheall ar an gcur chuige a bhí i mo bhunscoil Scoil Naithí agus sa mheánscoil Coláiste Iosagáin i dtaobh na Gaeilge. Bhain mé bunchéim agus máistreacht amach sa Nua-Ghaeilge in UCD agus thosaigh mé ar shlí bheatha a aimsiú dom féin. Bhíos cinnte gur theastaigh uaim obair leis an nGaeilge ach theastaigh briseadh ó Éirinn uaim chomh maith.

Bhí samhradh caite agam i Nua Eabhrac agus mé san ollscoil agus lena linn sin, thit mé i ngrá leis an gcathair in Manhattan. Thug mé faoi deara go raibh gach rud indéanta ansin. Ag deireadh an tsamhraidh sa bhliain 2000, bhíos brónach ag fágáil ach bhí brionglóid agam, is é sin, cónaí i Manhattan arís ach níor chreid mé go dtarlódh a leithéid chomh sciobtha sin.

Tar éis neart taighde agus agallamh, d'éirigh liom post a fháil ag múineadh Gaeilge san Irish Arts Center i Nua Eabhrac sa bhliain 2003. Tar éis sé mhí nó mar sin, d'éirigh liom post a fháil in Ollscoil Chathair Nua-Eabhrac in Institiúid an Léinn Ghael-Mheiriceánaigh. Bhíos i mbun na Roinne Gaelaí agus ag múineadh na

Gaeilge. Sa stát Nua Eabhrac, caithfidh mic léinn Ollscoile teanga eachtrannach a bhaint amach agus iad i mbun céime. Le roinnt blianta anuas, le ardú stadas na Gaeilge, tá méadú mór tagtha ar líon na ndaltaí sna ranganna Ollscoile mar go sásaíonn an Ghaeilge an coinníoll acadúil maidir le teanga eachtrannach. Tá sé seo tar éis cabhrú go mór le dul chun cinn na teanga i Nua Eabhrac.

Bhíos chomh sásta bheith i mo chónaí i Manhattan, an chathair is bríomhara ar domhain. ach bhíos chomh gnóthach i rith na seachtaine ar iarraidh dul i dtaithí ar an saol proifisiúnta i Nua Eabhrac. Diaidh ar ndiaidh, chuireas aithne ar neart daoine i bpobal Gaelach Manhattan. Agus mé ag obair go crua san Ollscoil agus san Irish Arts Center, cuireadh ceist orm tosú ar cholún seachtainiúil dátheangach a scríobh don nuachtán 'Irish Echo'. Theastaigh ón eagarthóir cruthú gur féidir bheith ina gcónaí i lár na Cathrach i Manhattan agus an Ghaeilge a bheith in úsáid agat gach aon lá. Is éard atá is gceist leis an gcolún seachtainiúil ná alt faoi mo shaol mar Ghaeilgeoir i Nua Eabhrac, faoi na himeachtaí a bhfreastalaím orthu, faoi na dates a ndeachaigh mé orthu, faoi mar a airím uaim mo mhuintir sa bhaile, faoin saol mar imirceach Éireannach (le linn an Tíogair Cheiltigh agus ina dhiaidh) atá ina chónaí i Nua Eabhrac. Sórt dialainne atá i gceist agus táim á scríobh le sé bliana anuas. Is breá liom a leithéid a scríobh agus níos tábhachtaí fós, faighim aiseolas iontach ó mo léitheoirí. Bhíos ag baint amach mo bhrionglóid Meirceánach faoi dheireadh.

Bhí gach gné de mo shaol ag dul ar aghaidh go breá, bhíos ag múineadh, ag scríobh agus ag déanamh agallamh anois agus arís do TG4 agus Raidió na Gaeltachta freisin. Bhíos chomh sochair i mo shaol agus ag baint sult mór as a bheith i mo chónaí i Manhattan le linn m'fhichidí. Níor chreid mé riamh go mbeinn in ann cónaí sa chathair is cáiliúla ar domhan ag déanamh an rud a theastaigh uaim, is é sin, ag cur na Gaeilge chun cinn ar fud Manhattan.

Má tá duine sásta obair go crua, is féidir aon rud a bhaint amach sa chathair seo. Mar a deir an t-amhrán, (If I can make it there, I'll make it anywhere) "Más féidir bheith rathúil ansin, is féidir bheith rathúil in aon áit". Bhí aidhm agam, dúshlán mór a bhí inti, ach tar éis neart obair chrua agus beagán áidh, d'éirigh liom an aidhm a bhaint amach.

Gnáthsheachtain domsa ná múineadh ranganna do dhaoine fásta ar an Luan ag an Irish Arts Center, 'Irish 1,2 agus 3', rang Kindergarten trí mheán na Gaeilge agus ardrang do dhaoine fásta a mhúineadh ag an New York Irish Center ar an Máirt, múineadh ag Ard-Chonsalacht na hÉireann tráthnóna Chéadaoin agus ar ais ag an Irish Arts Center oíche Chéadaoin chun ardrang do dhaoine fásta a mhúineadh agus teacht le chéile 'Tae & Comhrá' a reachtáil. Thosaigh mé ar ranganna a mhúineadh i Leabharlann Phoiblí Nua Eabhrac i ngach buirg de Nua Eabhrac den chéad uair riamh i mbliana (2011). Ba chéim mhór ar aghaidh é seo, an chathair ag tabhairt aitheantais don Ghaeilge. Cé a chreidfeá go mbeadh éileamh chomh mór sin ar an nGaeilge i Nua Eabhrac.

Bíonn ócáidí ar siúl ag an bpobal Gaelach i Nua Eabhrac gach aon seachtain áit a mbíonn an Ghaeilge mar phríomhtheanga na n-imeachtaí, cuir i gcás, club leabhair, ceolchoirmeacha, léachtaí, dinnéar, comhdháil agus araile. Tá fíoráthas orm a rá go bhfuil an Ghaeilge ag bláth i Nua Eabhrac.

Dár liomsa is é an rud is tábhachtaí maidir le teanga a fhorbairt ná í a chur ar fáil do dhaoine óga, is é sin, fiú paistí atá an-óg, naíonan. Is iadsan todhchaí na teanga agus is mar gheall air seo a bhunaigh mé an chéad rang

Kindergarten Gaeilge i Manhattan sa bhliain 2005. Trí rang in aghaidh na seachtaine a bhíonn agam, dhá rang i Manhattan agus rang amháin i Queens. Caithfidh mé a admháil go bhfuil an-éileamh ar na ranganna Kindergarten seo. Is dócha an fáth ar éirigh leis na ranganna ná mar go dteastaíonn ó Ghael-Mheiriceánaigh go mbeidh an cultúr Éireannach mar chuid de saol a gcuid páistí agus iad ag fás aníos. Tá an-mheas ag Gael-Mheiriceánaigh ar Éireannachas agus is cuid fhíorthábhachtach dá saol é. Freastalaíonn na páistí seo ar ranganna rince ghaelaigh, imríonn siad peil agus iománaíocht, foghlaimíonn siad an fheadóg stáin, an bosca ceoil nó an fhidil, agus anois, is féidir leo an Ghaeilge a fhoghlaim in Manhattan.

Rud a thug mise faoi deara sna ranganna Kindergarten ná go raibh ainmneacha Gaelacha ag beagnach gach páiste sa rang. Thug na tuismitheoirí ainmneacha Gaelacha do na páistí seo ionas go mbeadh a fhios acu agus iad ag fás aníos gur Éireannaigh iad agus go gcaithfear leo ar nós Éireannach. Tá saol Gaelach ag na páistí agus iad 3000 míle ó Éirinn. Mar a dúras féidir leat aon rud a bhaint amach i Nua Eabhrac má dhíríonn tú d'aigne air.

Táim chomh sásta gur éirigh liom mo bhrionglóid Ghael-Mheiriceánach a bhaint amach ach tá brionglóid eile agam áfach, is é sin, bunscoil Ghaelach a bhunú i Nua Eabhrac áit a mbeadh stair, ceol, damhsa, spórt agus teanga na hÉireann mar cuid lárnach den scoil. Bheadh téama Gaelach ag an scoil. Tá a leithéid de dhíth mar nuair a bhogann clann ón bhFrainc nó ó Shasana go Nua Eabhrac, is féidir leis na páistí freastal ar scoil Fhrancach nó Shasanach ach níl a leithéid de scoil ann do Ghael-Mheiriceánaigh nó do pháistí a bhogann ó Éirinn go Manhattan lena gclann. Caithfear páistí a chur ar an eolas maidir lena gcultúr agus lena bhféiniúlacht chun cultúr a chaomhnú.

Níor thuigeas cé chomh tógtha a bheadh daoine i Meiriceá, (go háirithe i Nua Eabhrac), le gach gné den Ghaelachas, ach nuair a bhog mé go Manhattan, thuig mé láithreach go raibh dúil agus meas mór ag muintir Mheiriceá ar Éirinn agus ar gach rud a gabhann léi. Tá nasc faoi leith idir an dá thír, nasc a théann siar sna glúine. Tá an tÉireannachas fite fuaite i stair Nua Eabhrac. Deirtear go bhfuil breis agus 40 milliun duine de shliocht Éireannach sna Stáit Aontaithe.

Dá bharr seo, thosaigh mé ar mo Ph.D a scríobh ar 'Éireannachas i Nua Eabhrac' dhá bhliain ó shin mar go dtuigim an tabhacht a bhaineann le Gael-Mheiriceánachas. Táim ag baint fíorshuilt as an taighde agus as scríbhneóireacht Ph.D agus ag tnúth le bheith críochnaithe. Is aoibhinn beatha daoine atá ag cur fúthu i Nua Eabhrac agus iad mar chuid den chomhphobal Gael-Mheiriceánach.

Ar ndóigh, is comhréiteach é bheith i do chónaí thar lear ach ós rud é go ndeachaigh mé le múinteoireacht Ghaeilge sa chathair is fearr ar domhan, is fiú go mór bheith anseo. Is aoibhinn liom an Ghaeilge, tá sí go smior ionam agus is í an t-aon teanga a labhróidh mé le mo chlann nuair a bheidh ceann agam amach anseo. Mura bhfuil aon Ghaeilge agat, níl tada agat.

Pádraig Ó Liatháin

Terra Nova, Newfoundland, La Terre Neuve, is iad sin na hainmneacha éagsúla a tugadh ar an oileán is sia soir de thír Cheanada, an stráice talún de Mhór-roinn Mheiriceá is gaire do thír na hÉireann. Tá ainm Gaeilge ar an oileán seo, áfach; *Talamh an Éisc*. Tá sé seo sainiúil amach is amach, óir is é seo an t-aon logainm bunaidh Gaeilge a tugadh ar aon áit lasmuigh d'Éirinn go bhfios domsa, .i. logainm nach bhfuil ag brath ar an mBéarla, ar an Laidin, nó pé ainm dúchasach a bheadh ag an áit cheana féin. Seo ainm a bhronn an saol Gaelach ar an oileán bunaithe ar chleachtadh na nGael a thaithíodh an áit; ainm ar cloíodh leis, agus atá in úsáid fós.

Cathain a tugadh Talamh an Éisc air ar dtús, áfach? Sin ceist nach bhfuil éasca le réiteach, ach ba mhaith liom féachaint san aiste seo ar úsáid an ainm san ochtú agus sa naoú haois déag go háirithe, toisc gur scoláire mé féin a bhíonn ag plé le lámhscríbhinní na tréimhse sin, tréimhse nuair a fheictear an téarma Talamh an Éisc i litríocht na Gaeilge den chéad uair ar feadh m'eolais. An rud is deacra faoin 18ú céad is dócha, ná fáil amach cén cur amach a bheadh ag scríbhneoir Gaeilge ar Thalamh an Éisc. Ní hionann gach tuairim ar an scéal; seans go dtagraíonn an t-ainm don taobh sin de Cheanada, leis an inbhear is mó ar domhan san áireamh:

> While the name is often thought to refer merely to Newfoundland, it seems most likely that the Irish-speaking fishermen who came to fish the waters of Atlantic Canada regarded not just Newfoundland as Talamh an Eisc, but also Southern Labrador, Cape Breton Island and the lower part of the Gulf of St. Lawrence.[1]

Tabhair faoi deara, mar shampla, gur *Newland* a scríobh Aogán Ó Rathaille sa dán 'Tairngreacht Dhoinn Fírinne'[2] agus é ag trácht ar Mheiriceá Thuaidh, glactar leis, cé gur tugadh Sasana Nua go rialta air sa Ghaeilge ag an am. In amhrán na ndaoine dar teideal *Carraig Seac*, (agus 'Is fada atá deachuithe ag cealg ar Ghaeil bhocht' mar chéad líne air), tá 'Chuaigh scéal ar an mbualadh thar na tonnta taoscach' / go Talamh an Éisc agus go Sasana Nua' a thugann le fios gur thuig muintir oirdheisceart na tíre an difríocht idir an dá áit,[3] mar a dhéanann dán eile sa chnuasach filíochta céanna – dán a cumadh gar do dheireadh an ochtú haois déag, dar lena eagarthóir – dán dar teideal 'Thá an Samhradh Caite': 'Mo chumha is mo mhairg nach go Talamh an Éisc a chuais, / Nó go Boston, is fuireach led' shaol ann uainn!'[4]

Mar sin féin glacaim leis nach raibh Talamh an Éisc coitianta mar théarma in Éirinn ag an am, mar ba as aon taobh tíre amháin do na taistealaithe ar fad, nach mór, agus ní féidir a bheith cinnte go mbeadh an t-ainm cloiste in áiteanna eile.

Cén fáth go raibh Éireannaigh ag dul go Talamh an Éisc agus cé a bhí ag dul?

Bhí na hÉireannaigh ag dul ann ar mhaithe le gnó na hiascaireachta, iascaireacht troisc go príomha. As contaetha Phort Láirge, Chorcaí, Chill Chainnigh, Loch Garman agus Thiobraid Árainn is mó a chuadar, gan dearmad a dhéanamh ar phobal Dhaingean Uí Chúis ach oiread. As iardheisceart Shasana nó an *West Country* – Poole, Dartmouth, Topsham, Tinmouth agus Plymouth – a tháinig formhór mór na long go cósta an oirdheiscirt le fir a bhailiú chun oibre agus chun earraí a cheannach. Mar sin, bhí gluaiseacht na n-earraí ceangailte go láidir le gluaiseacht daoine anonn: 'The Irish provisions trade was closely integrated with the passenger trade, and grew proportionately'.[5] Bhí an ghluaiseacht seo daoine agus earraí lárnach i saol eacnamaíoch an oirdheiscirt san ochtú agus sa chéad chuid den naoú haois déag, agus sul i bhfad, ó lár an ochtú aois déag ar aghaidh go háirithe, bhí nascanna láidre fostaíochta agus trádála cruthaithe (agus cothaithe) le Talamh an Éisc, agus cathair Phort Láirge mar mhaighdeog an tsaothair.

Ba é gnáthnós na linne ag na hÉireannaigh a théadh ann dhá shamhradh agus geimhreadh amháin ar a laghad a chaitheamh ag obair i dTalamh an Éisc sula dtiocfaidís abhaile. 'The period spent in Newfoundland could be the conventional two summers and intervening winter, or, as was frequently the case, ten or twenty years'.[6] Séasúr oibre a dhéanadh na fir san ochtú céad déag níos minice ná a chéile:

> Beginning in mid-February and continuing past mid-April, vessels engaged in the cod fishery arrived annually at Waterford for salt provisions and passengers ... Vessels from Waterford arrived in Newfoundland in late April and through the month of May ... By early November, the fishing season was over and part of the fleet was loaded with cod, cod oil, sometimes staves, other small timber and passengers for home.[7]

Scríobh Arthur Young mar gheall ar Phort Láirge níos déanaí san aois chéanna:

> That the staple trade of the place is the Newfoundland trade; this is very much increased, there is more of it here than anywhere. The number of people who go passengers

in the Newfoundland ships is amazing: from sixty to eighty ships, and from three thousand to five thousand annually.[8]

Trácht ar Thalamh an Éisc i litríocht lámhscríbhinne na Gaeilge

An file Éireannach is mó a shamhlaítear leis an áit, i nGaeilge nó i mBéarla, ná Donncha Rua Mac Conmara. Ba é an file seo ba chúis liomsa dul go Talamh an Éisc i mbun taighde an chéad lá riamh. Seo tuairim choitianta air ó pheann Phiarais Bhéaslaí:

> Do bhí sé ag múineadh sgoileanna 'na lán áiteanna i[n]s na Déisibh agus sealad san Bharúnaigh i n-aice le hEochaill. San bhliadhain 1745 d'imthigh sé thar sáile go dtí Talamh an Éisc agus chaith sé timcheall deich mbliadhan ann. Annsan d'fhill sé go hÉirinn. Timcheall an ama san, idir 1756 agus 1758, do cheap sé an saothar ba thábhachtaighe dá ndearna sé, sgéal nó eachtra fada i bhéarsaidheacht dár theidiol "Eachtra Ghiolla an Amarráin".[9]

Seo file Gaeilge a rugadh sa bhliain 1715, file a raibh sé amuigh air gurbh fhear siúlach scéalach é; luaitear Contae an Chláir agus an Róimh i dtaobh a luathshaoil, ach tá a fhios againn go cinnte gur chaith sé formhór a shaoil thart ar cheantar Phort Láirge. Mar sin, ní haon ionadh é go gcaithfeadh sé seal i dTalamh an Éisc, nó go mbeadh cur amach aige ar an áit agus ar na daoine thall ansin. B'fhéidir gurb é an dán a luaigh Béaslaí thuas, 'Eachtra Ghiolla an Amaráin', an dán is aimhréití ar fad ar an gceist seo, áfach. Fág go meastar go fairsing gur ag tagairt do Thalamh an Éisc atá sé, ní luann sé an áit sa dán cé go luann sé *Newfoundland, Talamh an Éisc* agus *Baile Sheáin* i ndánta eile dá chuid. Cé nach aon chruthú an dán 'Eachtra Ghiolla an Amaráin' ar an bhfile a bheith ann, níl aon amhras ach go nochtann sé sáreolas ann ar conas a ullmhaíodh na hÉireannaigh don turas trasna, maidir leis na hearraí ar fad a thugann sé leis agus leis na mionsonraí taistil agus mara.

a liacht beatha, mionearra agus gréithre,
do thug an pobal i bhfochair a chéile,
chum ár gcothaithe i gcogadh nó spéirling,
stór ná caillfeadh suim do laethaibh,
agus comhra doimhin ina dtoillfinn féin ann,
do bhí seacht gclocha do mhin choirce ghlanchréithre ann,
is dríodar chrochta na loiste re chéile,
is lán an bharaille b'fhearra bhí in Éirinn,
de photátaí leathana d'eagla géarbhroid,
do bhí seacht bhfichid ubh circe agus éanla ann,
le haghaidh a n-imhte chó minic 's ba mhéin linn,
cróca an ime do dingeadh le saothar,
spóla soille ba throime 's ba mhéithe;
do thugas caig leanna ann do lasfadh le séideadh,
is chuirfeadh na mairbh 'na mbeatha dá mb'fhéidir,
leaba agus clúda i gciumhais a chéile,
ceangailte ar dhrom mo thrunc le téadaibh,
bhí bróga istigh ann, *wig* is béabhar,
agus stór mar sin anois ná déarfad (34–52)[10]

Ní heol dom aon fhoinse eile i litríocht na Gaeilge ar thuras go dtí an Domhan Nua san ochtú céad déag, cé go bhfuil fianaise fhilíocht an Bhéarla againn; féach *Song Composed on the Banks of Newfoundland* agus *The Passengers*.[11] Cinnte, tá tagairtí díreacha ag Donncha Rua don áit ina chuid filíochta, mar a fheictear sa dán cáiliúil macarónach *As I was walking one evening fair*. Tá an chóip is luaithe i lámhscríbhinn san Acadamh Ríoga, ARÉ 23 A 16, scríofa sa bhliain 1756, i gCluain in oirthear Chorcaí, ceantar a ghlac páirt mhór sa taisteal anonn chun oibre go Talamh an Éisc ó phort na hEochaille. Is léiriú é an dán Seacaibíteach seo ar dhánacht an fhile, agus ar a chlisteacht leis an dá theanga. Tosaíonn an dán leis na línte: 'As I was Walking One Evening Fair / me go déinach a mbaille cSeaghain', agus is ionann Baile Sheáin agus St. John's, príomhbhaile Thalamh an Éisc. Tráchtar i mBéarla ar an oileán anonn sa dán: 'Newfoundland is a wide plantation', agus is suntasach cumas an fhile sa Bhéarla síos tríd. Dar ndóigh, ba é an

Béarla teanga oifigiúil an oileáin, agus bhí an file ag iarraidh go dtuigfeadh na Sasanaigh leath an dáin agus go dtaitneodh sé leo, cé go raibh sé ag magadh fúthu sna línte Gaeilge, agus dar ndóigh, chum sé na línte sin don phobal Gaeilge thall. Cruthaíonn an dán, sa mhéid is gur féidir é a rá, go raibh sé i dTalamh an Éisc, agus anuas air sin, go raibh pobal éisteachta aige thall.

Tá dán eile le Donncha Rua, 'Aodh Ó Ceallaigh' a bhfuil an chóip is luaithe de i lámhscríbhinn i nGaillimh, (De hÍde 18 184–5), lámhscríbhinn a bhreac Labhrás Ó Fuartháin sa bhliain 1786. Máistir scoile ó Phort Lách i gContae Phort Láirge ab ea Ó Fuartháin, iarmhac léinn de chuid Dhonncha Rua de réir an traidisiúin. Seo dán a scríobh Donncha Rua mar gheall ar fhear ar a raibh aithne aige 'a talamh an Éisg', Aodh Ó Ceallaigh. Seo an tagairt is luaithe d'áit darb ainm Talamh an Éisc sa Ghaeilge atá feicthe agam féin. Luaitear 'Talamh an Éisg' i gcúig cinn de na sé véarsa sa dán, agus tugtar eolas dúinn faoi obair na hiascaireachta, ina bhfeictear cur amach an fhile ar an obair a bhain le saol an oileáin. Ní hamháin sin, ach tá sainfhoclóir iascaireachta i mBéarla ann nach féidir teacht ar a bhrí cheart ach san *Newfoundland Dictionary of English* amháin; áirím focail mar *stage* agus *flake* (a bhaineann le triomú agus sailleadh éisc) nach raibh, de réir dealraimh, i gcaint na ndaoine in áit ar bith lasmuigh de Thalamh an Éisc, mar a léiríonn foclóirí stairiúla agus foclóirí ar bhéarlagar na linne sin ó Shasana.[12]

Níos déanaí, i lámhscríbhinn i Manchain, Rylands JRUL 134, faightear leagan den dán a chum Donncha Rua, 'Bánchnoic Éirion Ó' arna bhreacadh ag Tomás Ó hAitheirne, agus feictear an ráiteas seo ón scríobhaí: *an tan do bhidh Donchadh ruadh a ttalmh an éisg do canadh an laoi-si leis*.[13] Ba mhúinteoir Gaeilge é an scríobhaí seo, ba sa Sráidbhaile i gContae Phort Láirge a bhreac sé an lámhscríbhinn, agus bhí aithne aige ar Dhonncha Rua. Maidir leis an dán féin, cuireann sé síos ar an gcumha baile a bhraithfeá 'míle míle [i] gcéin, ó Bhánchnoic Éirion Ó'. Áit í Éire ina bhfuil fiú an sliabh is measa níos áille ná an tírdhreach a fheiceann sé roimhe: 'as fearr ioná an tír-si díth [díogh] gach a sléibhe'.[14]

Níorbh é Ó hAitheirne amháin a chuir síos ar phár go raibh Donncha Rua i dTalamh an Éisc, mar a léiríonn an méid a scríobh Amhlaoibh Ó Súilleabháin i gCill Chainnigh sa bhliain 1830 agus é ag trácht ar ghaolta leis a chuaigh ann sa drochaimsir: 'Is dardalach dúr an aimsir ag eachtrannaigh Thalamh an Éisc é. Ní magadh ach dáiríre gur déirc len n-urmhór bheith sa bhaile nó i gcalafort éigin mar Ghiolla an Amaráin nó Dhonncha Rua Mac Con Mara ...'.[15]

Scríobhaithe agus Scríbhneoirí Eile

Ba mhaith liom féachaint anois ar roinnt scríbhneoirí eile a chuir síos ar Thalamh an Éisc, ó dhá thaobh an Atlantaigh. Sa naoú haois déag, tá lámhscríbhinn Ghaeilge ón mbliain 1829 ar a bhfuil an síniú, 'Uilliam Sháu roimhso ón Chúlchoill ach anois anaice an chuainn a ngorthair Carbonear ar, a dtalamh an Éisg'. Tá Carbonear ar leithinis Avalon thart ar 30 míle ó thuaidh ó Bhaile Sheáin. Ba as Cúlchoill i gCill Chainnigh an scríobhaí seo, agus léirítear sa lámhscríbhinn gur thosaigh sé ag breacadh litríochta inti sa bhaile, ach gur chríochnaigh sé í ar an oileán i gcéin, an t-oileán céanna ar ar cailleadh é trí bliana déag ina dhiaidh sin.[16] Arís, fearacht Dhonncha Rua, ba dhóigh leat go raibh pobal éisteachta nó fiú léitheoireachta aige agus é i mbun na hoibre seo, seachas é a bheith ina chadhain aonair thall.

Fear eile a luann an áit ina chuid scríbhneoireachta ná Pádraig Phiarais Cúndún, fear, dar ndóigh, a bhfuil clú anois air mar dhuine a chónaigh i Meiriceá ach a choimeád air ag scríobh abhaile i nGaeilge ar feadh a shaoil. Rugadh Cúndún gar do Bhaile Mhac Óda in oirthear Chorcaí, agus sin ceantar as a mbíodh daoine ag taisteal go rialta go Talamh an Éisc. I litir a scríobhann sé sa bhliain 1834 (agus é sa bhaile in Utica, Nua Eabhrac) tá: 'Cuir chugham scéala cad is cor dot dhearbhráthair Seán Suipéal, óir do chualamair gur báthadh é i dTalamh an Éisc'.[17]

Ní nach ionadh, is i bhfilíocht na ndaoine as oirdheisceart na tíre is mó a fheictear cur síos ar shaol na ndaoine agus Talamh an Éisc mar dhlúthchuid dá taithí saoil. Féach, mar shampla, an dán 'Polly' faoi chailín a fuadaíodh: 'D'imíos lem' ard-intinn aerach, agus go Talamh an Éisc liom ar dtúis';[18] agus an dán maslaitheach grinn 'Caoineadh Margaidh':

> Is é a dh'airímse á chur trína chéile
> Aige muintir Bhaile an Aicéidigh
> Is ag Tóchar gránna an éithigh
> Nár thugais aon rud ó Thalamh an Éisc leat.
> Ach deirimse leo gur thugadar a n-éitheach –
> Gur thug tú seana-threabhsar is seana-bhéabhar
> A thug seacht mbliana ag marú éisc ort.[19]

Bhí na daoine in oirdheisceart na tíre ag taisteal go Talamh an Éisc san ochtú agus sa chéad chuid den naoú haois déag níos mó ná chuig aon áit eile. Toisc go raibh an áit chomh tábhachtach dóibh ó thaobh slí bheatha agus cothaithe, agus toisc go raibh an áit chomh lárnach ina n-aigne, ní haon ionadh go mbeadh raidhse tagairtí don oileán i litríocht na Gaeilge. Níl liosta iomlán luaite anseo de na tagairtí don oileán sa Ghaeilge, ach is liosta le háireamh é mar sin féin.

Conclúid

Tá gach cuma ar an scéal nár mhair an teanga mar theanga phobail ach go ham éigin isteach sa dara leath den naoú haois déag, óir ní raibh sí á labhairt go fairsing san fhichiú haois go cinnte. Is beag Gaeilge atá fágtha anois i dTalamh an Éisc, ach tá an tuiscint ar a tábhacht agus ar a stair mar theanga labhartha ar an oileán ag méadú i gcónaí. Mar atá mínithe ag daoine eile romham, tá an ceangal leis an oidhreacht Ghaelach fós ann, agus aithnítear é agus déantar é a cheiliúradh go dtí an lá inniu.[20] Bhí an t-ádh liom go raibh an deis agam bualadh leis an scoláire agus an feirmeoir Aly O'Brien, fear a mhúin an Ghaeilge dó féin mar dhuine fásta ó cheirníní agus leabhair ghramadaí, agus go deimhin féin, d'éirigh liom cúpla véarsa den dán le Donncha Rua MacConmara, Bánchnoic Éireann Ógh, a thaifeadadh uaidh agus é thar 90 bliain d'aois, bliain sular cailleadh é. Ní hamháin sin, ach le linn do mo thréimhse thaighde thall, bhí grúpa comhrá Gaeilge eagraithe ag Aly le scata cairde leis, ar mheascán iad idir Éireannaigh a shocraigh ar an oileán, léachtóirí ollscoile le suim acadúil acu sa teanga agus daoine áitiúla a raibh suim acu ina n-oidhreacht féin.

Tá an teanga á múineadh i dTalamh an Éisc le tamall de bhliantaibh anois, ach rud atá ag cur dlúis leis an dul chun cinn seo le déanaí ná na scoláireachtaí ón Ireland Canada University Foundation a chuireann múineadh na Gaeilge chun cinn ar an tríú leibhéal in ollscoileanna éagsúla ar fud Cheanada. Tugann na scoláireachtaí seo deis do scoláirí óga Éireannacha bliain a chaitheamh sa tír ag múineadh na teanga. Tá Ollscoil Memorial i mBaile Sheáin i dTalamh an Éisc ar cheann de na hollscoileanna sin agus bímis ag súil go mbeidh caibidil eile fós le hinsint ann ar shaol na nGael ar scéal na Gaeilge i gcéin.[21]

NOTAÍ

1   Casey, George, 'Irish Culture in Newfoundland', in Cyril J. Byrne agus Margaret Harry, (eag.), *Talamh an Éisc: Canadian and Irish Essays*, Alba Nua, 1986, 203–27, 203.

2   Ó Buachalla, Breandán, eag., *Aogán Ó Rathaille*, BÁC, 2007, 33.

3   Ó hÓgáin, Daithí, *Duanaire Osraíoch*, BÁC, 1980, 42. Seo dán a cumadh sa chéad leath den naoú céad déag dar leis an eagarthóir.

4   *Ibid.*, 40.

5   Mannion, John J., 'The Waterford merchants and the Irish-Newfoundland provisions trade, 1770–1820', in L.M. Cullen & P. Butel, (eag.), *Négoce et Industrie en France et en Irlande aux XVIII et XIX Siècles*, Bordeaux, 1978, 18–47, féach 25 agus 39.

6   Byrne, Cyril, 'The Waterford Colony in Newfoundland, 1700–1850', in *Waterford History and Society*, BÁC, 1992, 351–372, 351.

7   Mannion, John, 'The Maritime Trade of Waterford in the Eighteenth Century', in Smyth, W. J.; Whelan, K. (eag.), *Common Ground: Essays on the Historical Geography of Ireland, Presented to T. Jones Hughes, M.A., M.R.I.A.*, Corcaigh, 1988, 208–233, 216.

8   Young, Arthur, *A Tour in Ireland; with general observations on the present state of that kingdom, made in the years 1776, 1777, and 1778 and brought down to the end of 1779*, Imleabhar 2, 184.

9   Béaslaí, Piaras, *Éigse Nua-Ghaeidhilge Cuid II*, BÁC, 1934, 147.

10 M'eagrán féin den aon chóip den dán ó lámh an údair, in lámhscríbhinn M85–86, Má Nuad, 450–65.

11 Carpenter, Andrew, 'From Ulster to Delaware: Two Poems by James Orr about an Eighteenth-Century Emigrant Voyage', in Fanning, Charles, (eag.), *New Perspectives on the Irish Diaspora*, Illinois, 2000, 65–74.

12 Kirwin, W.J., Story, G.M., Widdowson, J.D.A., eag., *Dictionary of Newfoundland English*, an dara heagrán, Toronto, 1990; Wright, Joseph, *English Dialect Dictionary*, 1961, Oxford agus an OED.

13 Ó Macháin, Pádraig, 'Filíocht Athairneach I', *An Linn Bhuí* 2003, 152–64; 'Filíocht Athairneach II', *An Linn Bhuí* 2004, 165–75.

14 Rylands Lámhscríbhinn 134. Mo bhuíochas leis an Dr. Úna Nic Éinrí a thug cóip de na leathanaigh seo ón lámhscríbhinn dom, lámhscríbhinn nach bhfuil cláraithe fós.

15 De Bhaldraithe, Tomás, *Cín Lae Amhlaoibh*, BÁC, 1976, 65.

16 Ó hÓgáin, Éamonn, 'Scríobhaithe Lámhscríbinni Gaeilge i gCill Chainnigh 1700–1870', *Kilkenny: History and Society*, eag. William Nolan & Kevin Whelan, BÁC, 1990, 412, 487; Ó Mórdha, Séamus P., 'Irish Manuscripts in St. Macarten's Seminary, Monaghan', in *Celtica* 4, 1958, 279–287.

17 Ó Foghludha, Risteárd, eag., *Pádraig Phiarais Cúndún*, BÁC, 1932, 28.

18 Ó hÓgáin, Daithí, 78-9. Tá tuilleadh tagairtí sa Chartlann Béaloidis in UCD.

19 de Noraidh, Liam, *Binneas thar Meon*, BÁC, 1994, 85, 236–7.

20 Ó hEadhra, Aodhán, *Na Gaeil i dTalamh an Éisc*, BÁC, 1997.

21 Ba mhaith liom mo bhuíochas a ghabháil leis an Ireland Newfoundland Partnership (INP) a thug maoiniú dom le dul go Talamh an Éisc i mbun taighde, agus gabhaim buíochas le Wally Kirwane, le hAodhán Ó hEadhra, leis an Dr. Pádraig Ó Siadhail agus le hAly O'Brien, nach maireann, ach a spreag mé le tuilleadh taighde a dhéanamh.

GAEILGE MAR MHEÁN CULTÚRTHA

Victor Bayda

Tá Gaeilge á teagasc i Stát-Ollscoil Mhoscó le os cionn tríocha bliain ó thosaigh Garry Bannister agus Tatyana Mikhailova ar ranganna Gaeilge i ndeireadh na seachtóidí agus tá borradh tagtha faoi chúrsaí Gaeilge san ollscoil ó shin. I 2010 tosaíodh ar chúrsa lánaimseartha céime cúig bliana den chéad uair riamh rud a thaispeánann an tsuim atá ag an ollscoil i leith na teanga. Tá dúshláin ag baint le múineadh na Gaeilge ós rud é go bhfuil cúrsaí sochtheangeolaíochta agus mionteangachais le plé sa rang i gcónaí. Is furasta do na cúrsaí sin díspreagadh a sholáthar do na mic léinn agus dá bhrí sin caithfear aird ar leith a thabhairt ar an ábhar sin. Tá muid ag múineadh na Gaeilge mar theanga bheo, mar mheán cumarsáide a úsáidtear le heolas a fháil agus a chur trasna, ach tá sé chomh tábhachtach céanna go bhfuil teanga ceangailte le cultúr dá bhfuil sí mar iompróir an eolais agus na tuairimíochta. Cén cultúr a bhfuil an Ghaeilge ceangailte leis? Cén cultúr a bhfuil an Ghaeilge ina hiompróir dó? Tá sé thar a bheith soiléir nach bhfuil Gaeilge chomh tábhachtach sin don chultúr Éireannach mar mheán an chultúir áirithe sin. Bítear ag caint ar chultúr Gaelach agus le tuiscint a fháil ar céard atá ann thug mé tábla as (Ní

Mhistéil 2000, 123) ina bhfuil rudaí a bhaineann leis an gcultúr Gaelach leagtha amach. Seo é an liosta:

- An teanga Gaeilge
- Seanscéalta
- Logainmneacha
- Sloinnte agus ainmneacha
- Seanfhocail
- Rabhlóga
- Amhráin Ghaeilge agus rincí/ceol
- Cluichí Gaelacha – iománaíocht
- Peil
- Liathróid láimhe
- Paidreacha
- Ainmneacha na mbláthanna agus na gcrann

(Ní Mhistéil 2000, 123)

Ní úsáidtear Gaeilge go nádúrtha le freastal ar chuid mhaith de na rudaí seo. Tá a fhios nach labhraíonn peileadóirí Gaeilge le chéile ag na cluichí, fiú sa nGaeltacht, scaití. Úsáideann lucht na Gaeilge leaganacha Béarla na logainmneacha Éireannacha ina gcaint agus is minic a thugann daoine sa nGaeltacht ainmneacha Béarla ar a chéile. Cé chomh minic is a phléitear na seanscéalta agus a deirtear na rabhlóga? Gan trácht ar ainmneacha na mbláthanna agus na gcrann nach bhfuil ar eolas ag na cainteoirí dúchais fiú go minic. Fágann sé sin uilig gur liosta rudaí atá ann nach bhfuil mórán bainte acu leis an nGaeilge sa lá atá inniu ann nó leis an lá atá inniu ann é féin. Tagann sé sin go maith leis an ráiteas ar an leathanach céanna:

Is cuid dár gcultúr í an teanga Gaeilge agus is cuid chomh mór céanna é sacar, rud a thagann chugainn ó thír eile! (Ní Mhistéil 2000, 123)

Taispeánann an ráiteas sin áit na Gaeilge sa gcultúr áirithe sin, áit nach bhfuil mór ar chor ar bith. Is í an cheist, áfach, ná cén cultúr atá i gceist? An mbeadh sé sin fíor do dhuine de bhunadh na Gaeltachta? An féidir le teanga do shaoil laethúil a bheith ar chomhchéim le sacar? Ní cheapaim gur féidir. Ach bheadh sé fíor do chultúr Éireannach i gcoitinne, mar níl sa nGaeilge ach *cuid* den chultúr siúd ar nós sacair, i ndáiríre, agus cloistear faoin sacar níos minice ansin ná faoin nGaeilge gan trácht air go gcloisfí an teanga í féin ann.

Bhí mé ar chúrsa coicíse ar an gCeathrú Rua uair amháin agus chaith duine de na mic léinn (ar Éireannach é) an deireadh seachtaine sa mbaile taobh amuigh den Ghaeltacht. Nuair a tháinig sé ar ais an Luan dár gcionn dúirt sé go raibh iontas air ar feadh nóiméid nuair a tháinig sé go Gaillimh go raibh daoine ag caint Béarla. Cruthaíonn teanga an áit ar bhealach. Bíonn daoine ag teacht go háiteanna áirithe díreach toisc go bhfuil an Ghaeilge ann. Chuaigh mé go Corca Dhuibhne agus chaith mé an oíche sa Daingean. Ní raibh mórán Gaeilge sa mbaile sin agus d'airigh mé go raibh na daoine sásta gan í, ach ní thiocfainn chomh fada leis mura raibh Gaeilge ann agus tá mé cinnte nach mise amháin atá amhlaidh. Tá iliomad áiteanna áille ar fud na hÉireann ach roghnaíonn duine an Daingean agus an leithinis sin ós rud é gur féidir, le hais rudaí eile, taithí a fháil ar chultúr na Gaeilge ansin.

Níl amhras ar bith go bhfuil cultúr na Gaeilge áirithe ann. Tá rudaí ann a mhaireann sa nGaeilge agus sa nGaeilge amháin, agus níl teagmháil ag Béarlóir leis na rudaí sin. Tá amhráin agus caint a dhéantar sa nGaeilge amháin. Tá cúrsaí áirithe nach bpléitear ach sa nGaeilge. Tá daoine a bhfuil clú agus cáil orthu i measc phobal na Gaeilge agus nár chuala aon duine trácht orthu taobh amuigh den phobal sin. Agus ós rud é go n-airíonn na daoine sin brú an Bhéarla chuile nóiméad dá saol is cuid thábhachtach den chultúr sin í ceist na teanga.

Bíonn sé deacair do chainteoir mórtheanga mothúcháin duine mionteanga a thuiscint. Cuireann mo chairde ceisteanna orm uaireanta cén fáth a mbeinn buartha faoin nGaeilge. Dúirt mé uair amháin le cara liom – samhail gur tusa an cainteoir dúchais deireanach i do theanga féin agus nach féidir leat caint a dhéanamh le duine ar bith eile sa teanga bhinn álainn shaibhir sin. Ar ndóigh, dúirt sé gur rud uafásach a bheadh ann. Ní airíonn muid cé chomh tábhachtach is atá rud ar linne é chomh fada is atá ár ndóthain de ann. Is dócha go bhfuil drochmhisneach ag cainteoirí dúchais na Gaeilge agus iad ag feiceáil an teanga ag tanaíochan agus á tréigean ag na daoine óga. Sin ceist na teanga nach bhfuil le haireachtáil chomh géar sin áit ar bith in Éirinn seachas sa nGaeltacht agus tá sí chomh géar sin de bharr gur 'ar an teanga, agus ar an teanga amháin atá sainiúlacht phobal na Gaeltachta ag brath', mar a dúirt Máirtín Ó Murchú (Ó Murchú 2000, 15). Tá an teanga fite fuaite leis an gcultúr a bhfreastalaíonn sí air agus go fo-chomhfhiosach tuigtear gur imeacht sainiúlachta atá in imeacht teanga.

Is é Máirtín Ó Murchú a dúirt freisin '[nach] i bpobal urlabhra na Gaeltachta ach an taobh is treise Gaeilge sa chointeanóid dhátheangach atá ar fáil ar fud na tíre' (Ó Murchú 2000, 16). Ní féidir na daoine a fhágáil amuigh atá taobh amuigh den Ghaeltacht ach ar de bhunadh na Gaeltachta iad nó atá líofa sa nGaeilge agus atá ceangailte go dlúth léi. Roinneann siad na téamaí céanna agus muintir na Gaeltachta, tá aithne acu ar na daoine céanna, tá ceist na teanga tábhachtach dóibh freisin. Soláthraíonn an teanga ceangal idir na daoine sin, lucht chultúr na Gaeilge.

An ionann an cultúr Gaelach agus cultúr na Gaeilge? Tá sé soiléir ón méid atá pléite thuas nach ionann mar is cosúil gur cuid den chultúr uile-Éireannach é an cultúr Gaelach. Breathnóidh muid ar an liosta thuas arís: is iad na rudaí atá ann ná rudaí a cheanglaíonn Éire chomhaimseartha leis an saol Gaelach a bhíodh ann fadó. Agus éiríonn sé níos soiléire cén cineál Gaeilge atá i gceist sa liosta sin – ceann de na hiarsmaí nach gá ach meas a bheith agat dó agus taitneamh a bhaint as.

Bhí mé in Éirinn i 2006, 100 bliain ó rugadh beirt mhórscríbhneoir na hÉireann – Máirtín Ó Cadhain agus Samuel Beckett. Scríobh an chéad duine acu sa nGaeilge agus scríobh an dara duine sa bhFraincis den chuid is mó. Bhí ainm Bheckett chuile áit – grianghraif, pictiúir, leabhair, bratacha lena ainm orthu. Bhí mé ag cuardach an leabhair "Cré na Cille" an bhliain chéanna agus ní raibh sé ar fáil áit ar bith, i Siopa Leabhar Chonradh na Gaeilge, fiú. Níor chuala an móramh faoin gCadhnach agus ní dhearnadh iarracht aithne daoine a chur ar ainm an scríbhneora is mó san fhichiú haois a scríobh sa teanga náisiúnta agus a throid ar a son. Céard eile a thaispeánfadh níos fearr an áit atá ag an nGaeilge sa gcultúr Éireannach?

Tá lucht na Gaeilge idir dhá chultúr, nó, b'fhéidir, sa dá chultúr sin ag an am céanna – cultúr na Gaeilge agus an cultúr Éireannach agus freagraíonn sé sin ceisteanna is minic a chuirtear. Mar shampla, cén fáth nach labhraíonn daoine sa nGaeltacht Gaeilge scaití agus iad ag imirt peile – cluiche chomh Gaelach sin? Baineann an pheil leis an gcultúr Gaelach, is é sin le cuid den chultúr uile-Éireannach agus is é an Béarla teanga an chultúir sin. Sampla eile – bíonn sé deacair cur ina luí ar pháistí sa nGalltacht go gcaithfidh siad Gaeilge a fhoghlaim. "Is leatsa í!" a deir clúdach leabhrán de chuid an Fhorais, ach an leosan? Tá siad ceangailte le cultúr dá réir ní leosan ach iarsmaí den Ghaeilge agus is do dhaoine a bhfuil suim acu inti atá an chuid eile di. Agus tá na cainteoirí dúchais fós ann ar leosan an Ghaeilge go fírinneach cothromach.

Caithfear díriú orthu agus ar a gcultúr, cultúr na Gaeilge má theastaíonn uainn seilbh a chur ar an teanga.

Tugann muid *Íorlandscigh* ar an nGaeilge sa Rúisis, cosúil le *Irish* sa mBéarla agus *Irlandais* sa bhFraincis agus *Irisch* sa nGearmáinis – *Éireannais*, mar sin. Agus is í an loighic, de ghnáth, ná gurb í an Rúisis teanga na Rúise, an Fhraincis – na Fraince agus an Ghearmáinis – na Gearmáine. Ach ní oibríonn sé leis an Éireannais, b'fhéidir mar nach Éireannais atá inti, níl Éireannais ann – ní mar théarma ná mar fheiniméin. Ach tá Gaeilge ann agus labhraíonn na Gaeil sa nGaeltacht í. Airím ar bhealach go bhfuil ceanndánacht éigin ag baint le *Íorlandscigh* a thabhairt ar an nGaeilge, mar a bheinn ag iarraidh clúdach a tharraingt ar leaba dá bhfuil sé i bhfad róbheag.

Sin struchtúr cultúrtha na hÉireann mar a thuigim de chéin é. Ní chiallaíonn sé sin go gcaithfear glacadh leis na rudaí mar atá siad agus nach féidir tada a athrú. A mhalairt atá fíor – is de nádúr an chultúir a bheith ag athrú agus is iad na daoine a athraíonn é. Caithfear, áfach, a bheith chomh réadúil agus is féidir ionas go mbeidh eolas againn ar céard go díreach is féidir a dhéanamh. Inár gcomhthéacs féin, comhthéacs theagasc na Gaeilge i Moscó tugann a leithéid de thuiscint léargas do na mic léinn ar shaol cultúrtha agus sóisialta na hÉireann sa lá atá inniu ann. Cuidíonn sé sin an teanga a áitiú sa tsochaí agus riachtanais theanga na mac léinn a chinntiú dá réir sin. Is é an sainmhíniú a thug René Richterich, teangeolaí feidhmeach Eilvéiseach, ar riachtanais teanga ná 'na riachtanais a éiríonn as úsáid teanga in iomad ócáidí a fhéadfaidh tarlú i saol shóisialta indibhidí agus grúpaí' (Richterich 1972, 32). Is é atá sna hócáidí ná:

- suímh – na réigiúin nó tíortha ar mhaith leis an bhfoghlaimeoir an teanga a úsáid iontu agus na háiteanna, ar nós oifige nó óstáin, is dócha go n-úsáidfidh sé í iontu;
- topaicí – na hábhair ba mhaith leis an bhfoghlaimeoir a phlé sa teanga sin;

- róil – na páirteanna sóisialta is dócha a ghlacfaidh an foghlaimeoir.
  (Ek 1973)

Ní gá ach sracfhéachaint a chaitheamh ar an liosta sin lena thuiscint go bhfuil na hócáidí a bhaineann leis an nGaeilge teoranta go maith taobh amuigh den Ghaeltacht. Caithfidh na mic léinn fios a bheith acu faoi sin agus leis an gcuspóir seo a bhaint amach caithfidh an teagascóir ní hamháin deis fhoghlama a thabhairt don mhac léinn leis na scileanna a bhaineann leis na hócáidí áirithe a chleachtadh, ach – i gcás na Gaeilge – caithfidh sé míniú don fhoghlaimeoir freisin céard iad na hócáidí iad féin inar féidir úsáid a bhaint as an teanga.

Agus muid ag plé chúrsaí idirnáisiúnta na Gaeilge, feiceann muid deiseanna agus acmhainneacht a bhaineann léi. Is í an difríocht is mó atá idir na mic léinn in Éirinn agus sa Rúis a thugann faoi chéim sa nGaeilge ná nach bhfuil an cheist ann i gcás na mic léinn s'againne ar leosan an Ghaeilge nó nach leosan, níorbh éigean dóibh Gaeilge a fhoghlaim agus iad ag fás aníos agus mar sin ní bhíonn náire orthu nár fhoghlaim siad i gceart ar scoil í agus ní bhíonn an ghráin acu ar an teanga mar níor "brúdh síos a scornach" í. Ní suibiachtaí chultúr ar bith na hÉireann iad agus ní bhaineann a leithéid de thuairimíocht ná an brú freagraíochta stairiúla leo. Ar an taobh eile, áfach, ní bhaineann íomhá dalta Éireannaigh leo ach oiread. Táthar ag súil leis go bhfoghlaimíonn na hÉireannaigh Gaeilge ach níl sé amhlaidh i gcás na n-eachtrannach. Is cúis iontais iad na daoine a thugann faoin nGaeilge nach de bhunadh na hÉireann iad féin, mar cruthaíodh cineál steiréitíopa nach féidir le Gaeilge a bheith suimiúil gan trácht ar a bheith á teastáil lasmuigh d'Éirinn. Tugann an tsuim de chéin moladh idirnáisiúnta don Ghaeilge rud ar deacair áibhéil a dhéanamh air agus muid ag cuimhneamh ar stádas agus íomhá na teanga nach bhfuil sí ach tar éis tosaí á gcaitheamh óna guaillí. Sa gcaoi sin, bíonn ról ag na mic léinn eachtrannacha i saol na Gaeilge freisin agus is ról thar a bheith dearfach atá ann.

Ar an taobh eile, sa saol ina bhfuil an oiread sin domhandaithe déantar teagmháil agus ceangal idir cultúir éagsúla agus cultúr na Gaeilge go díreach gan seachbhealach an Bhéarla, rud a thugann tuilleadh neamhspleáchais agus tábhachta don Ghaeilge. Den chéad uair i gcúpla céad bliain tá Gaeilge ag feidhmiú mar mheán cumarsáide a thugann eolas trasna na dteorainneacha agus tá sé de chumas aici an obair sin a dhéanamh níos fearr i gcás chultúr na hÉireann ná ag Béarla mar éalaíonn an cainéal a sholáthraíonn sí saol thuairimíocht an Bhéarla nach bhfuil smacht ag Éirinn air. Soláthraíonn cainéal ardghléine na Gaeilge comhéadan cultúrtha gan truailliú torainn. Mar a scríobh Alan Titley tráth agus é ag plé litríocht na Gaeilge san *Irish Times*:

> An té a bhfuil léamh báúil déanta aige ar litríocht na Gaeilge ní bheidh aon dul amú, aon mhearbhall air i dtaobh ar tharla in Éirinn riamh, agus níos tábhachtaí ná sin, i dtaobh ar mhothaigh muintir na hÉireann mar gheall ar ar imigh orthu. Ní bhainfidh polaiteoirí ná tráchtairí, ná iriseoirí, ná staraithe, ná easpaig, ná forumacha dá threoir é. (luaite i Denvir 1997 (1993), 334)

Is leis sin a bhaineann deis eile a thugann cúrsa Gaeilge. Is é an comhthéacs is minice a bhfaigheann daoine amach ann faoi stair agus faoi chultúr na hÉireann ná an rang Béarla. Ciallaíonn sé sin freisin go mbíonn siad á bplé ó dhearcadh an Bhéarla, is é sin ó dhearcadh staire agus cultúr Shasana, rud a fhágann go bhfuil baol ann go bhfaightear íomhá róshimplithe claonta orthu. Is leor a rá, mar shampla, go dtuigeann saineolaithe, fiú, gur scríbhneoirí Sasanacha iad a leithéidí Jonathan Swift agus Oscar Wilde. Cruthaíonn na ranganna Gaeilge, áfach, rochtain dhíreach don tuairim Éireannach – comhéadan uathúil le cur chuig stair agus cultúr na tíre gan idirghabhálaithe agus leis an dearcadh Éireannach sa bhfócas.

Is féidir seo a leanas a rá mar thátal ar an méid atá scríofa thuas. Ar thaobh amháin, baineann an Ghaeilge le cultúr na Gaeilge, go príomha, sa lá atá inniu ann ós rud é gur don chultúr seo seachas cultúr ar bith eile a bhfuil an teanga fós ag feidhmiú mar a phríomh-iompróir. Ciallaíonn sé sin go gcaithfear an bhéim a chur ar an gcineál Gaeilge a labhraítear sa nGaeltacht agus ar na hócáidí ina n-úsáidtear an teanga ansin agus muid i mbun a teagaisc. Ar an taobh eile, is léir go bhfuil acmhainneacht eisceachtúil ag an nGaeilge le dearcadh uile-Éireannach a chur trasna do dhaoine thar lear go díreach gan a bheith díchumtha agus é á chur in iúl trí Bhéarla. Cruthaíonn an Ghaeilge deiseanna dá cainteoirí in Éirinn agus do na foghlaimeoirí i dtíortha eile, deiseanna a bhfuil sé fúinn féin a thapú.

TAGAIRTÍ

Denvir, Gearóid, *Litríocht agus Pobal* (Indreabhán, Conamara: Cló Iar-Chonnachta, 1997).

Ek, J. A. van, *The Threshold Level* (Strasbourg: Council of Europe, 1975).

Ní Mhistéil, Sorcha, 'Smaointe i gcomhair teagaisc sa bhunscoil' in Ó Laoire M. O., agus Ó Murchú, H., (eag.) *Teagasc na Gaeilge 7* (Comhar na Múinteoirí Gaeilge, Baile Átha Cliath: 2000).

Ó Murchú, Máirtín, 'An Ghaeltacht mar Réigiún Cultúrtha: Léargas Teangeolaíoch', in Liam Mac Mathúna, Ciarán Mac Murchaidh agus Máirín Nic Eoin, eag., *Teanga Pobal agus Réigiún: Aistí ar chultúr na Gaeltachta inniu* (Baile Átha Cliath: Coiscéim, 2000).

Richterich, René, 'Definition of language needs and types of adults' in Trim, J. L. M., Richterich, R., Ek, J. A. van and Wilkins, D. A. *Systems Development in Adult Language Learning* (Strasbourg: Council of Europe, 1972).

CUR CHUN CINN NA GAEILGE SA PHOLAINN

Alan Desmond

Níor shamhlaigh mé riamh go dtabharfainn blianta de mo shaol ag múineadh na Gaeilge sa Pholainn. Ach i mí an Mheithimh 2003, agus an ceathrú bliain ollscoile druidte chun deiridh, chonaic mé nóta ar chlár na bhfógraí i Roinn na Gaeilge i gColáiste na hOllscoile i gCorcaigh mar gheall ar fholúntas in Ollscoil Chaitliceach Lublin (KUL) in oirthear na Polainne.

Ba le hiarracht den ionadh a léigh mé go raibh múinteoir Gaeilge á lorg ag Roinn an Bhéarla san ollscoil Pholannach seo agus conradh bliana ar fáil. Ach ós rud é nach raibh sé ar intinn agam mo chathair dhúchais a thréigean agus mo chéim ollscoile bainte amach agam, gan trácht ar chúl a thabhairt d'Éirinn féin, ní raibh sa nóta sin ar chlár na bhfógraí ach ábhar spéisiúil cainte maidir liomsa de. D'athraigh mé mo phort, áfach, nuair a luaigh mé an post múinteoireachta leis an bhfear a bhí faram agus mé ag taisteal san Eoraip Láir dhá bhliain níos luaithe. "Seans as an ngnáth é seo. Caithfidh tú é a thapú," a dúirt sé liom i nglór diongbháilte.

Chuir sin ag smaoineamh mé. Bheadh roinnt buntáistí ag baint leis an bpost seo maith go leor. Ba spéis liom cúrsaí taistil is b'fhurasta dom sciuirdeanna a thabhairt ar áiteanna éagsúla sa taobh sin mór-roinne dá mbeinn i mo chónaí i Lublin. Chuirfinn eolas ar chultúr eile is d'fhoghlaimeoinn teanga nua. Thairis sin, ní raibh a fhios agam go fóill cad é go díreach ba mhian liom a dhéanamh sa todhchaí cé go raibh an todhchaí díreach os mo chomhair amach agus an bhliain dheireanach ollscoile críochnaithe agam. Gheobhainn uain ar an gceist chrosta sin a chriathrú agus bliain á caitheamh agam sa Pholainn. Gné eile a thaitin liom ná go mbeinn i mo chónaí i m'aonar, neamhspleách ar mo thuismitheoirí den chéad uair i mo shaol. Agus ár dteach i gCorcaigh suite chomh gar sin don ollscoil níorbh fhiú lóistín ná árasán ar cíos a fháil. Ina theannta sin go léir bheadh taithí neamhghnách á fáil agam agus mé i mbun an Ghaeilge a mhúineadh do Pholannaigh.

Ba leor é sin. Bhí áitithe agam orm féin gur fiú cur isteach ar an bpost. Chuir mé iarratas faoi bhráid an Dr. Aidan Doyle, léachtóir le Gaeilge i gColáiste na hOllscoile i gCorcaigh a raibh 17 bliain tugtha sa Pholainn aige féin. Bhí sé d'ádh orm gur glacadh leis an iarratas. Bronnadh céim sa Dlí is an Ghaeilge orm i lár Mheán Fómhair 2003 is thriall mé ar Lublin na Polainne an 7 Deireadh Fómhair. Ní raibh an Pholainn ina ball den Aontas Eorpach go fóill is ní raibh eitiltí ó gach cearn d'Éirinn go cathracha éagsúla na Polainne mar atá anois. D'fhág sé sin go raibh orm éirí leis an ngiolcadh chun eitilt ó Chorcaigh go Londain agus uaireanta fada a mheilt in aerfort Heathrow sula ndeachaigh mé ar bord eitleáin eile a thug go Vársá mé.

Ó Vársá bhí orm taisteal soir ó dheas ar feadh trí uair a chloig – ar bord bus, ar ndóigh – go Lublin. Thuirling mé den bhus nuair a shroicheamar stáisiún Lublin agus mé ag faire ar dhuine ón ollscoil a bhí le teacht faoi mo dhéin. Chonaic sé mé sular leag mé súil air. "An tusa an múinteoir nua Gaeilge?" "Is mé." "Táim ag feitheamh anseo le breis is uair an chloig." In ainneoin na fáilte doicheallaí sin d'éirigh mé ceanúil ar an bPolainn is ar Pholannaigh sa mhéid is gur thug mé ceithre bliana sa tír, trí bliana sa bhreis ar an aon bhliain amháin a bhí beartaithe agam ag an tús.

Níor theanga í an Ghaeilge a raibh mórán cur amach uirthi i measc na bPolannach i 2003. Nuair a mhínigh mé do Pholannaigh lasmuigh de KUL go raibh mé i mbun teagasc na teanga seo cuireadh ionadh orthu. Níor thuig siad go raibh an méid sin difríochta idir Béarla na hÉireann is Béarla na Breataine gurbh fhéidir cúrsa staidéir a bhaint as. Cuireadh meascán mearaí i gceart orthu ar thabhairt le fios dóibh go bhfuil a leithéid de rud is a dteanga féin ag Éireannaigh agus nach Béarla labhartha le blas Gaelach é an rud a nglaoitear an Ghaeilge air.

Tá sé seo ar na buntáistí a bhaineann roinnt mac léinn i KUL as foghlaim na Gaeilge: bíonn deis acu scéal a insint is eolas a thaispeáint agus iad ag cur in iúl do chairde is do theaghlach cad is Gaeilge ann. Bunaíodh KUL i 1918 agus tá sé ar na cúig institiúid tríú leibhéal atá suite i Lublin, an chathair is mó in oirthear na Polainne. Agus an Pholainn faoi chuing an chumannachais bhí KUL mar dhaingean ag an bhfreasúra Caitliceach intleachtach. Déanann roinnt daoine gaisce as gurbh é KUL an t-aon ollscoil shaor sa Bhloc Oirthearach, an t-aon ollscoil nach raibh faoi smacht na n-údarás cumannach. Is go KUL a thagadh idir mhic léinn is léachtóirí nár ligeadh isteach in ollscoileanna an stáit toisc gníomhartha frith-chumannacha bheith déanta nó ar siúl acu. Is go KUL a thagadh mic léinn ó cheann ceann na Polainne a bhí diongbháilte in aghaidh an chumannachais is creideamh láidir Caitliceach acu. Ba san ollscoil seo a bhí Karol Wojtyla ina ollamh le heitic sular toghadh ina Phápa é sa bhliain 1978.

Tá an Ghaeilge á múineadh i KUL ó 1984 agus is iad a fhoghlaimíonn í ná mic léinn a bhfuil cúrsa MA cúig bliana sa Bhéarla idir lámha acu. Ag deireadh an dara bliain bíonn ar mhic léinn roghnú idir an Ghaeilge is an Bhreatnais agus is le linn an tríú is ceathrú bliain a dhéantar staidéar ar pé ceann den dá theanga Cheilteacha a dtugtar toil dó. Sa chúigiú bliain múintear ranganna chomh maith ach fágtar faoin mac léinn féin leanúint ar aghaidh le staidéar na teanga Ceiltí.

Bíonn dhá uair a chloig Gaeilge (nó Breatnaise) ar siúl in aghaidh na seachtaine ach is fiú a rá gurb ionann uair a chloig acadúil sa Pholainn agus 45 nóiméad. I ngach bliain den chúrsa Béarla tá amuigh agus istigh ar 50 mac léinn agus bíonn a leath in ainm is bheith ag gabháil don Ghaeilge agus an leath eile ag plé leis an mBreatnais. Is amhlaidh, áfach, gur gnách go mbíonn tromlach beag mac léinn ag freastal ar na ranganna Gaeilge.

Agus an méid seo Ceiltise ar siúl ní hionadh go bhfuil Roinn Cheilteach féin mar chuid d'institiúid an Bhéarla. De ghnáth bíonn ar a laghad Éireannach amháin ar fhoireann na Roinne seo araon le Breatnach. Le linn an chéad bhliain dom i KUL bhí an tOllamh Sabine Heinz, Gearmánach mná ó oirthear Bheirlín, ag taisteal chun na hollscoile gach seachtain le ranganna Breatnaise a thabhairt.

Lasmuigh de na ceachtanna teanga féin, tugtar cúrsaí ar chultúr, stair is litríocht na dtíortha Ceilteacha. Na teangeolaithe sa Roinn a phléann le hábhair mar dheilbheolaíocht, is iondúil go mbíonn a gcuid oibre bunaithe ar theanga Cheilteach. I measc na mac léinn bíonn tuairimí éagsúla faoin éigeantas le Gaeilge nó Breatnais a fhoghlaim.

Is é tuairim an tromlaigh gur cur amú ama is fuinnimh é foghlaim na Gaeilge. B'fhearrde iad go léir é, dar leo, dá bhfoghlaimeofaí an Fhraincis nó an Ghearmáinis nó teanga úsáideach eile seachas teanga a bhfuil droim láimhe tugtha di ag a muintir féin. Go deimhin, ní hannamh a chloistear staróg gurb é KUL an áit ar domhan ina bhfuil an líon is mó cainteoirí Gaeilge.

Os a choinne sin, tá daoine a chaitheann dúthracht leis an nGaeilge is a déarfaidh leat gurbh é a thug orthu freastal ar KUL ná an t-áiméar ar Ghaeilge a fhoghlaim. Agus ní laistigh d'institiúid an Bhéarla amháin atá an tsuim seo sa Ghaeilge – ní neamhghnách mac léinn ó dhámha eile, fiú ó ollscoil eile, bheith ag suí isteach ar ranganna.

Dá dhúthrachtaí mac léinn, áfach, is beag duine i KUL a mhaífeadh gur teanga éasca í an Ghaeilge. Is í an chéad deacracht mhór a thagann roimh na foghlaimeoirí, ar ndóigh, ná conas rudaí a fhuaimniú. Is cúis gháire agus foinse drochmhisnigh san am céanna é an séimhiú. Tugann roinnt mac léinn neamhaird ghlan air agus iad ag iarraidh a dteanga a chasadh ar fhocal. Daoine eile á dtachtadh féin agus dícheall á dhéanamh acu focal a rá i gceart. Diomaite de na rudaí deacra seo, is minic ranganna sa rince Gaelach á reáchtáil ag na mic léinn féin agus timpeall an Aibreáin eagraítear 'Laethanta Ceilteacha', dhá lá de léachtaí faoin gcultúr Ceilteach agus oíche spraoi mar chlabhsúr air. Rud ar féidir bheith ag tnúth leis agus cúrsaí casta fuaimnithe ar bun. Cé gur beag mac léinn a bhaineann caighdeán ard Gaeilge amach, bíonn corrdhuine a n-éiríonn leis, nó léi mar is gnách, líofacht éigin a bhaint amach. Is cúis ardaithe mheanman é sin ar ndóigh d'aon mhúinteoir, bíodh is gurb é an mac léinn féin is mó a bhfuil an chreidiúint ag dul dó, nó di mar is gnách!

Múineadh na Gaeilge i Poznan
Le linn na ceithre bliana a thug mé ag múineadh na

Gaeilge i KUL, thug mé seimeastar amháin ag gabháil don rud céanna i Poznan, cathair in iarthar na tíre atá ar an gcúigiú cathair is mó sa Pholainn, in ainneoin go maireann turas traenach ó Lublin go Poznan corradh is 6 uair a chloig.

D'fhág cora crua na staire gur chaith Poznan breis is céad bliain faoi smacht ag an bPrúis agus is mar Posen a thagraíonn Gearmánaigh di. Ach faoin am ar dhíbir muintir Poznan na Gearmánaigh i 1918 bhí tairbhe mhór bainte ag an gcathair as an Réabhlóid Thionsclaíoch is tá Poznan fós ar na cathracha sa Pholainn is mó a bhfuil rath orthu.

Chuir sé go mór leis an rath seo Poznan bheith ar an mbóthar is ar an líne iarnróid Páras-Beirlín-Moscó. Chuir mé féin eolas maith ar an stáisiún traenach atá ar an líne sin agus na turais rialta go Poznan á ndéanamh agam. Íobairt mhór a bhí sna turais sin ach ba ar son na Gaeilge a thug mé fúthu, ar ndóigh.

Ba i lár Dheireadh Fómhair 2006 a fuair mé ríomhphost ag rá go raibh múinteoir Gaeilge á lorg in Ollscoil Adam Mickiewicz i Poznan. Ba ón Ollamh Sabine Heinz a tháinig an ríomhphost seo, Gearmánach mná a bhfuil Breatnais líofa aici atá mar cheann roinne ar Roinn na Litríochta is na dTeangacha Ceilteacha in Ollscoil Adam Mickiewicz.

Bhí aithne agam ar an Ollamh Heinz ón mbliain acadúil a thug sí i KUL i 2003/04. Agus Poznan 6 uair a chloigníos giorra ná Lublin dá clann is dá hárasán i mBeirlín, ní hionadh gur ghlac sí le post in Ollscoil Adam Mickiewicz nuair a tairgeadh di é. Sa ríomhphost a fuair mé ó Shabine mhínigh sí go raibh iarrachtaí á ndéanamh ag Roinn an Bhéarla cúrsa céime BA sa Léann Ceilteach a chur ar bun agus dar léi go raibh airgead faighte aici ó Ambasáid na hÉireann i Vársá chun íoc as múineadh na Gaeilge i Poznan. Ós rud é go maireann turas traenach ó Lublin go Poznan chomh fada sin bhí dochma orm tabhairt faoi theagasc na Gaeilge in iarthar na Polainne, pé fonn a bhí orm an Ghaeilge a leathadh sa taobh seo mór-roinne. D'fhreagair mé mar sin nach mór an tsuim agam sa phost ach cinnte nach bhfágfainn Poznan san abar: mura mbeadh teacht ar aon mhúinteoir Gaeilge eile, ghlacfainn leis an tairiscint oibre.

Chuir mé ríomhphost ar ais chuig mo chomhghleacaí Gearmánach agus mé ag smaoineamh nach gcloisfinn faic uaithi go ceann tamaill mhaith eile. Ach ba go sciobtha tapa a chuaigh sí i dteagmháil liom. Is amhlaidh go raibh sí i bponc cheana. Bhí roinnt Éireannach i Poznan ach ní raibh sí tar éis teacht ar éinne a bheadh oiriúnach mar mhúinteoir Gaeilge. Mar sin, bhí duine ag teastáil mar ábhar práinne agus d'íocfaí go maith as an múinteoireacht pé duine a d'fhostófaí. I mbeagán focal is í an cheist a bhí á cur orm ná "cé chomh luath agus is féidir leat tosú?"

Smaoinigh mé ar an 500 ciliméadar iarnróid a roinneann Poznan ó Lublin. Smaoinigh mé ar 6 uair a chloig ar bord traenach. Smaoinigh mé ar a leithéid de thuras bheith á dhéanamh agam dhá uair in aghaidh na seachtaine: an turas go Poznan is an turas fillte. Níor mhaolaigh an smaoineamh sin go léir ar an dochma a bhí orm. Ach bhí gealltanas tugtha agam nach san abar a d'fhágfainn Poznan is ar deireadh thiar thall tháinig mé chun comhghéillte. Thabharfainn faoin bpost go dtí deireadh mhí Eanáir nuair a thiocfadh deireadh leis an gcéad téarma acadúil. Thuillfinn roinnt airgid sa bhreis dom féin is bheadh go leor ama ag Sabine duine a fháil i gcomhair an dara téarma. Socraíodh go gcuirfí tús leis an gcéad rang Gaeilge ar an 9 lá de mhí na Samhna. Bheadh fáilte roimh chách is ba ar bhonn deonach a ghlacfaí páirt sna ranganna: ní chuirfí iallach ar éinne bheith i láthair.

Mheas mo chomhghleacaí Gearmánach go bhféadfaimis bheith ag dréim le deichniúr mac léinn. Chonacthas dom gur áireamh ródhóchasach é sin: bhí an rang le bheith ar siúl ó 2.30pm go 8.30pm istoíche. Ach ba neamhchruinn na tuairimí a bhí ag an mbeirt againn agus 30 duine ag feitheamh ag 2.30pm. Ba i bhfad róbheag a bhí an seomra a bhí curtha in áirithe is d'aimsíomar halla mór a bhí folamh.

Cad a thug ar an scata beag seo freastal ar rang Gaeilge a mhairfeadh breis is cúig uair an chloig? Ba ó Roinn an Bhéarla a bhformhór agus iad fiosrach. Bhí corrdhuine ó Roinn na dTeangacha Lochlannacha agus fonn orthu taithí a fháil ar theanga Cheilteach. I measc na ndaoine fiosracha bhí beirt chailíní uaillmhianacha. Agus an Ghaeilge ina teanga oifigiúil de chuid an Aontais Eorpaigh, b'fhiú an Ghaeilge a fhoghlaim, dar leis an mbeirt seo. Is beag duine atá in ann aistriúchán a dhéanamh trí mheán na Gaeilge agus na Polainnise araon agus is iad an dá thrá seo a d'iarrfadh an bheirt bhan aidhmeannacha a fhreastal.

Ar na daoine a bhí tagtha le teann fiosrachta ba ghearr gur aithin mé ar roinnt díobh gur mheas siad litriú is foghraíocht na Gaeilge bheith dosháraithe. Cuireadh tús leis an rang le beannachtaí, ceisteanna is freagraí bunúsacha den saghas: "Dia duit," "Dia is Muire duit," "Conas tá tú?" Agus an abairt "tá mé ar fheabhas" á fuaimniú agam, rinne bean amháin a peann a chur i bhfolach. D'fhan sí go foighneach béasach go dtí an sos sular chuir sí deireadh tapa lena hiarrachtaí an Ghaeilge a fhoghlaim.

Faoi 7.30pm ní raibh fágtha ach 15 duine, leath den uimhir a bhí sa seomra róbheag ag 2.30pm. Bhí na hábhair aistritheoirí fós ann, áfach, agus gan aon bheaguchtach tagtha orthu. Agus bhí na hábhair aistritheoirí sin fós ann nuair a d'éirigh mé as na haistir go Poznan díreach mar a shocraigh mé ag an tús, ag deireadh an chéad téarma acadúil. Ba é Pól Ó Muireasáin a tháinig mar chomharba orm agus é ag eitilt gach re seachtain ó aerfort Dhoire go Poznan. Agus deacrachtaí agam féin blas Chonamara a thuiscint, gan trácht ar bhlas na nUltach, ní foláir nó go raibh dara téarma suimiúil ag foghlaimeoirí Gaeilge de chuid Ollscoil Adam Mickiewicz.

Tá an chuma ar an scéal go bhfuil an Léann Ceilteach in Ollscoil Adam Mickiewicz ag dul ó neart go neart ó cuireadh Roinn na Litríochta is na dTeangacha Ceilteacha ar bun i 2007. Is léir gur éirigh go geal le hiarrachtaí Sabine Heinz. Ní hamháin go bhfuil cúrsa céime BA sa Léann Ceilteach á thairiscint ag an Roinn sin ó 2007, ach ó 2010 tá cúrsa céime MA san ábhar céanna le fáil. Agus an rogha ag Polannaigh anois staidéar a dhéanamh ar an nGaeilge in oirthear is in iarthar na tíre, tá stádas na teanga sa Pholainn níos fearr ná mar a bhí riamh roimhe seo.

SEAL SAN ALBAIN NUA

Séamus Mac Floinn

At the historic Highland Village near Iona, Cape Breton [Nova Scotia], the sign over the outdoor grandstand proudly shouts forth "Failte gu Cridhe Gaelach Albainn Ur" [sic]. While they might have felt this "Welcome wish" was appropriate in their case, and while they might have agreed that the Grand Narrows region was indeed the "Gaelic Heart" of a "New Scotland", the significant Irish portion of Cape Breton's pioneer immigrants would have cringed at the corruption of their language at the hands of their Scots cousins. It was something they would have to get used to if they were to remain. Cape Breton would be a Highland stronghold throughout the Nineteenth Century, and well into the Twentieth, and this would tend to eclipse the important contributions made to the development of the island by other groups, including the Irish.[1]

Chaith mé an bhliain 2010 ag múineadh Gaeilge in Ollscoil St. Francis Xavier in Albain Nua, Ceanada. Áit fhíorGhaelach í Albain Nua, ach ar a bharr sin tá oidhreacht fhada, shaibhir ag Ollscoil St. Francis Xavier i gcur chun cinn na scoláireachta Ceiltise. Tá sé de chlú ar an ollscoil gurb í an t-aon áit i dtuaisceart Mheiriceá ar féidir le mic léinn staidéar a dhéanamh ar thrí theanga Cheilteacha ag leibhéal na fochéime – an Ghaeilge, Gaeilge na hAlban agus an Bhreatnais, chomh maith le réimse leathan de chúrsaí ar stair agus oidhreacht na gCeilteach san Eoraip agus i Meiriceá. Díreach mar a mhaígh MacKenzie thuas, cé go raibh tionchar láidir ag grúpaí eile agus a gcuid teanga ar an áit, mar atá, na hAcadaigh agus an Fhraincis, na Gearmánaigh agus na hOllannaigh a tháinig i ndiaidh an dara cogadh domhanda is léir áfach go bhfuil agus go mbeidh tús áite ag Gaeilge na hAlban agus an cultúr Gaelach Albanach in Albain Nua.

Tá cur síos iontach ag leithéidí Charles Dunn ar an gcaoi ar tháinig Gaeil lena dteanga dhúchais go Ceanada san ochtú agus sa naoú haois déag.[2] Seachas dul siar ar an stair sin is dóigh liom gur fiúntaí díriú isteach ar cheist a sheas amach domsa: cén ról a bheadh ag Éireannach de bhunadh na Galltachta a bhfuil Gaeilge aige i gceantar mar seo. Ní hé gur cheap mé go mbeadh tionchar mór agam ó go mbímse ag déanamh rud mór díom féin, ach bhí sé soiléir go raibh 'ról' áirithe tugtha do na Gaeil Albanacha a tháinig go hAlbain Nua. Ó na caogaidí ar aghaidh go háirithe tháinig múinteoirí ó Inse Gall go Ceap Breatain agus áiteanna eile sa chúige leis an teanga a mhúineadh i scoileanna agus sna coláistí agus sna hollscoileanna. Chonacthas dom gur ghlac muintir na hAlban Nua iad mar chol ceathracha ag tabhairt cuairte orthu agus nuair a chuaigh muintir na hAlban Nua go hAlbain gur cosúil le filleadh ar an dúchas a bhí ann.

Bhí taithí áirithe agam ní hamháin ar Ghaeilge na hAlban ach ar an gcaidreamh sin idir Gaeil na hÉireann agus Gaeil na hAlban. Chaith mé tréimhse ghearr ar an Eilean Sgiathaineach ag foghlaim na teanga i Sabhal Mòr Ostaig agus bhí suim agam riamh i gcuntais taistil ó dhaoine cosúil le Pádraig Ó Baoighill ina leabhar *Ceann Tíre: Ár gComharsanna Gaelacha*. Is fada an caidreamh idir lucht léinn na Gaeilge agus lucht léinn Ghaeilge na hAlban. Ag tús ré na hathbheochana mhaígh an Piarsach go dóchasach in eagarfhocal *An Claidheamh Soluis*:

> The dwellers on the two sides of Sruth na Maoile have in many things common traditions, and to a large extent common problems. Why not then an entente cordiale between the Gael of Scotia Major and the Gael of Scotia minor?[3]

Chuir an méid sin ag smaoineamh mé faoin saghas naisc a bheadh ann idir Gael *Scotia Major* agus na Gaeil i *Nova Scotia*. Chuir William Gilles síos ar an gcaidreamh agus an comhoibriú idir an lucht acadúil in Éirinn agus in Albain 'and the much valued 'blow-ins' who came to Scotland with a Celtic training in Scotland – think of Terence McCaughey, Colm Ó Baoill or Cathair Ó Dochartaigh'.[4] 'Blow-in' a bheadh ionam chomh maith.

Le fada an lá ba é Gaeilge na hAlban 'an t-eile' mór i scoláireacht na Gaeilge. Deir Máire Ní Annracháin gur dúradh léi go mbeadh sí 'ar imeall na Gaeilge' ag tabhairt faoi iniúchadh a dhéanamh ar théama d'fhilíocht Shomhairle Mac Gill Eathain. Níl a fhios agam cathain a tharla sé nó cé a chuir tús leis ach le tamall beag anuas sular thug mé aghaidh ar Cheanada cheannaigh mé leabhar John Shaw Brìgh an Orain agus is dóigh liom gur fiú píosa sách fada ón leabhar sin a lua san alt seo, mar i mo thuairim cuireann sé síos go baileach ar an:

> One evening during the summer of 1953 after a day's work in the lumber woods of Labrador, a woodsworker by the name of Lauchie MacLellan, from the parish of Broad Cove on the western shore of Cape Breton Island, was attracted by singing in an adjoining camp and walked over to investigate. As he approached he became aware that the songs were not in English, nor in Scottish Gaelic (his first language) but nevertheless contained something that seemed strangely familiar. The Canadian lumbercamps attracted a great variety of nationalities, and after some time had passed, Lauchie, his curiosity by now aroused, asked the men in English where

they were from and what their language was. They replied that they were immigrants from the south of Ireland, singing in their own Irish Gaelic. Lauchie was made welcome and from then on visited regularly in the evenings, quickly making friends with the Irishmen and adding his own Gaelic songs occasionally to the delight of his hosts ... developing mutual awareness of a tradition shared by all of them – highly valued and like no other. That awareness, and along with the ability to understand more of his friends' Gaelic dialect as the evenings passed, introduced Lauchie to the concept of a wider Gaelic-speaking world beyond Nova Scotia, or even Scotland, providing him with a context both wide ranging and venerable for the traditions of his own family and small community.[5]

Mar sin le heolas áirithe agam ar an 'gcaidreamh cairdiúil' sin idir an dá thír, bhí a fhios agam go mbeadh deis agam cur le mo chuid eolais féin agus b'fhéidir tús a chur le caidreamh idir mé féin agus Gaeil na hAlban Nua. I ndiaidh dom an méid thuas a léamh bhí dearcadh dearfach agam go mbeadh níos mó buntáistí ná mar a bheadh deacrachtaí ann ag teagasc Gaeilge in Albain Nua.

Ba mhaith liom san alt beag seo, féachaint siar ar an tréimhse a chaith mé ann agus scrúdú a dhéanamh ar cén chaoi a ndeachaigh mé i ngleic le teanga a mhúineadh atá an-chosúil leis an mionteanga is feiceálaí san áit.

Thosaigh mé ag freastal ar ranganna Ghaeilge na hAlban go luath tar éis dom socrú síos in Antigonish. Tá borradh mór tar éis teacht ar lion na ndaoine ag freastal ar na ranganna seo de bharr acht teanga sa chúige agus suim á múscailt go ginearálta i leith oidhreacht a gclainne srl. Cé gur as Éirinn dom bhí muintir an ranga agus an múinteoir féin an-sásta cosúlachtaí idir na focail agus na nathanna a bhí á bhfoghlaim againn agus an Ghaeilge a phlé. Is dócha i dtír mar Cheanada cuirtear fáilte roimh eolas ar bith a thaispeánann seandacht an chultúir, agus cé go bhfuil scoth an eolais ag na foghlaimeoirí seo ar oidhreacht Ghaeilge na hAlban in Albain féin, bhí siad antoilteanach cur leis an eolas sin maidir leis an 'taobh eile de shruth na Maoile'. In amanna b'ábhar sosa, scéal nó giota eolais ó Éirinn a cuireadh os comhair an ranga.

Maidir le mo chuid mac léinn féin bhí orm bheith cúramach ag míniú dóibh nach ionann an saghas Gaeilge a bhí ar na comharthaí bóthair ar fud bhaile Antigonish, ach go raibh gaol láidir eatarthu, gné is ea seo ar féidir cur le 'stair nó oidhreacht na teanga' sa siollabas. Níl cead ag mic léinn an Ghaeilge agus Gaeilge na hAlban a dhéanamh, rud maith leis an mearbhall a sheachaint. Nuair a chuala nó nuair a chonaic siad an teanga eile ba dheis compaáide é thar aon rud eile. Bhí an-chuid acu ina mball den 'Comann Ceilteach' mar ar bhuail siad le daoine ag foghlaim Ghaeilge na hAlban agus b'iomaí ócáid shóisialta ina raibh giotaí den dá theanga le cloisteáil ó na mic léinn. Tá an ceol an-láidir sa chúige freisin agus bhí deis eile ag na mic léinn leis an trasanalú céanna a fheiceáil agus a chloisteáil. Sa bhliain chéanna ba é téama na féile Celtic Colours ná "The Irish are Coming!' le mórán ceoltóirí agus amhránaithe ag seinm is ag canadh le linn na féile. Cosúil leis an taithí a fuair mé féin bhí na ceoltóirí Éireannacha seo ag foghlaim is ag múineadh dá gcolcheathracha Gaelacha.

NOTAÍ
1 A. A. MacKenzie, *The Irish in Cape Breton* (Breton Books: 1999) vii.
2 *Highland Settler* (University of Toronto Press: 1953). Féach leithéidí *A Dance Called America.*
3 *An Claidheamh Soluis.*
4 'On the study of Gaelic Literature' *Litreachas agus Eachdraidh: Rannsachadh na Gàidhlig 2.*
5 *Brìgh an Òrain* (McGill Queen's: 2000) p. 3.

MO BHLIAIN I NOTRE DAME

Marie Darmody

Deirtear nach mbíonn in aon rud ach seal agus is fíor é. Táimse thar n-ais in Éirinn arís tar éis bliain a chaitheamh ag múineadh na Gaeilge i Meiriceá. Is beag duine a fhaigheann an deis brionglóid a chomhlíonadh sa bhaile gan trácht ar é a chomhlíonadh thar sáile. Níor cheap mise riamh agus mé ag fás aníos i gCluain Meala go bhfaighinn an deis a bheith ag múineadh na Gaeilge in Ollscoil chomh cáiliúil agus chomh clúiteach sin le Notre Dame. Tuigim anois gur iomaí cor atá sa saol agus is casadh é seo nach ndéanfaidh mé dearmad go deo air. Is cuimhin liom go soiléir an lá cinniúnach. Bhí mé ag siúl ar champas Ollscoil na hÉireann, Gaillimh, nuair a chonaic mé an fógra do dhámhachtainí Fulbright ar crochadh ar an mballa. Stop mé. D'fhéach mé air. D'éirigh corraí ionam. Meas tú an é seo mo thriail? Tar éis a bheith ag staidéar na Gaeilge san Ollscoil ar feadh sé bliana, bhí sé in am dom mo ghrá don teanga a roinnt le daoine eile ach an cheist mhór a bhí ann ná cé a bheadh mar lucht éisteachta agam – mic léinn na hÉireann nó mic léinn Mheiriceá?

Ar an 10ú de mhí Lúnasa 2010, d'fhág mé slán le mo theaghlach agus le mo líonra iontach cairde agus thug mé faoin dúshlán ba mhó ar thug mé faoi riamh go dtí sin: bhog mé go Meiriceá. Níorbh ionann tírdhreach Indiana agus tírdhreach na hÉireann; níorbh ionann blas cainte na ndaoine áitiúla agus blas na nÉireannach; níorbh ionann an aimsir agus aimsir na hÉireann, ach in ainneoin na nithe seo ar fad, chonacthas dom láithreach nach raibh mé i bhfad ón mbaile in aon chor. Nach raibh mé i mbaile na *Fighting Irish* ag deireadh an lae? Bíodh is go bhféadfaí a áiteamh gur cultúr 'Éireannach' de chineál ar leith atá i gceist le cultúr spóirt Notre Dame, níl aon amhras ach gur fíorchultúr Éireannach agus fíoríomhá d'Éirinn atá á gcothú ag Roinn Theanga agus Litríocht na Gaeilge agus ag Institiúid Léinn Keogh-Naughton.

Tá an dá Roinn seo ag dul ó neart go neart i gcónaí agus is mór an moladh atá tuillte ag gach duine atá ag obair go dian d'fhonn an Ghaeilge agus an cultúr Gaelach chomh maith le stair agus litríocht na hÉireann a chur chun cinn i lárIarthar Mheiriceá. Is mór an tsuim atá ag na mic léinn sna réimsí staidéir seo agus cuirtear rogha leathan cúrsaí ar fáil dóibh idir chúrsaí teanga agus chúrsaí litríochta. Anuas ar an eolas agus ar an teagasc iontach a fhaigheann na mic léinn ó fhoireann bhuan na Roinne Gaeilge agus na hInstitiúide, tugtar deis dóibh peirspeictíochtaí eile ar léann na hÉireann a chloisint chomh maith trí chúrsaí a dhéanamh le léachtóirí mór le rá a chaitheann seimeastar nó dhó i Notre Dame ó am go chéile. Cuireann an éagsúlacht seo go mór le saibhreas agus le húdaracht an léargais a fhaigheann na mic léinn ar Éirinn.

Is mar mhúinteoir teanga Fulbright a bhíos féin ag obair agus mé i Notre Dame chomh maith lena bheith i mbun mo chuid taighde féin. Cé go raibh roinnt taithí múinteoireachta agam faoin am sin, ba é sin an chéad uair dom a bheith ag múineadh na Gaeilge do mhic léinn taobh amuigh d'Éirinn. Ábhar imní ab ea é ar dtús. Cad ba cheart dom a bheith ag súil leis? Cad a bheadh na mic léinn ag súil leis? Conas ba cheart déileáil le mic léinn nach bhfuil focal Gaeilge cloiste, scríofa ná labhartha acu cheana féin agus nach bhfuil cur amach acu ar chultúr na teanga? Eispéireas iomlán nua ab ea é domsa agus dóibhsean agus theastaigh uaim a dheimhniú go mbainfeadh gach duine taitneamh agus tairbhe as. Is rud amháin é a bheith ag múineadh na Gaeilge in Éirinn ach is rud iomlán difriúil é nuair a bhogann tú an teanga amach as a comhthéacs nádúrtha féin. Is ansin a thuigfeá níos mó ná riamh go bhfuil i bhfad níos mó i gceist le múineadh agus le foghlaim teanga ná struchtúr na teanga féin. Caithfear gnéithe eile cosúil le polaitíocht, stair, tíreolaíocht, agus canúineolaíocht a thabhairt isteach sa scéal chun ciall agus comhthéacs a thabhairt don phróiseas foghlama.

Meascán de mhic léinn a bhí i mo rangsa idir fhochéimithe agus iarchéimithe. Nasc láidir le hÉirinn a bhí mar inspreagadh ag formhór de na mic léinn ach bhí mic léinn áirithe ann chomh maith nach raibh baint acu le hÉirinn ach díreach suim ar leith a bheith acu i bhfoghlaim teangacha go ginearálta. Ba dheas an rud é an éagsúlacht seo a bheith sa rang agus chuir sé go mór le saibhreas an ranga. Rinne mé sáriarracht cothromaíocht a thabhairt do na scileanna teanga ar fad le cinntiú go raibh mé ag freastal ar ionchais na mac léinn go léir agus go bhfaighidís blaiseadh de gach gné den teanga. Tháinig an rang le chéile ceithre uaire in aghaidh na seachtaine agus chuir mé ciorcal comhrá ar siúl uair amháin i gcaitheamh na seachtaine chomh maith. Ranganna ilghnéitheacha cumarsáideacha a bhí ann inar bhaineas úsáid as go leor modhanna éagsúla múinte, modhanna teicneolaíochta san áireamh. Chinntigh an éagsúlacht sa chur chuige go raibh na ranganna spreagúil agus taitneamhach agus go raibh deis i gcónaí ag na mic léinn úsáid a bhaint as an teanga i gcomhthéacs a bhí praiticiúil agus loighciúil dóibh. D'eagraigh mé seisiúin *skype* dóibh le mic léinn eile i Massachusetts a bhí ag foghlaim na Gaeilge. Chuir sé seo go mór lena misneach agus léirigh sé dóibh gur teanga bheo a bhí sa Ghaeilge a d'fhéadfaidís a úsáid lasmuigh den seomra ranga.

Cé gur eispéireas dearfach foghlama a bhí ann den chuid is mó, níl aon amhras ach go raibh laethanta dúshlánacha ann freisin faoi mar a bhíonn ann i gcónaí agus tú ag foghlaim teanga. Is cuma cén tír ina bhfuil tú ag foghlaim na Gaeilge, tiocfaidh an seandeacracht chéanna chun cinn i gcónaí faoin difríocht idir an chopail agus an briathar substainteach! Bhí roinnt spraoi ag na mic léinn leis an gcoincheap áirithe sin chomh maith le go leor pointí gramadaí eile. Is de réir a chéile a thógtar na caisleáin, áfach, agus is de réir a chéile a shealbhaítear teanga freisin. Chuir sé gliondar croí orm ag deireadh na bliana go raibh na mic léinn in ann dul chomh fada le píosaí próis agus filíochta a léamh, a thuiscint agus a phlé le chéile mar rang. Céim an-mhór ab ea í sin i ndáiríre.

Nuair a bhí an bhliain ag druidim chun deiridh is í an cheist mhór a bhí ann ná an raibh go leor déanta agam chun na mic léinn seo a spreagadh le leanúint ar aghaidh leis an nGaeilge. Próiseas fada a bhíonn i gceist le foghlaim teanga agus theastaigh uaim go géar go dtabharfaidís aghaidh ar an gcéad chuid eile den turas foghlama seo.

Ba chúis mhór áthais dom a chloisteáil gur bheartaigh gach duine acu ar leanúint ar aghaidh leis an nGaeilge an bhliain seo chugainn agus tá triúr as an ngrúpa sin tar éis an Ghaeilge a phiocadh mar mhionábhar don chéim. Chaith triúr de mo chuid mac léinn an samhradh atá díreach imithe i mBaile Átha Cliath agus chaith mac léinn amháin mí ar an gCeathrú Rua ag cur lena chuid

Gaeilge. Táim sásta anois go bhfuil síol na Gaeilge curtha agam i measc na mac léinn seo.

Taithí fíorluachmhar ab ea an bhliain seo i Meiriceá. Tugann Fulbright deis duit tú féin a fhorbairt go pearsanta agus go proifisiúnta. Spreagann sé thú chun do réimse spéise féin a chíoradh níos doimhne i gcomhthéacs nua acadúlachta. Cuireann tú le d'eolas, le do thaighde, le do scileanna agus le d'fhéinmhuinín. Tá sé mar sprioc ag Fulbright malartú smaointe chomh maith le comhthuiscint chultúrtha a chur chun cinn. Feictear domsa go n-éiríonn leis an scéim na spriocanna seo a chomhlíonadh. Is cinnte go gcuireann an tréimhse thar lear le d'fheasacht chultúrtha agus le do thuiscint ar an rud is féiniúlacht náisiúnta ann. Is maith an rud é seal a chaitheamh taobh amuigh de do chomhthéacs náisiúnta féin chun a bheith in ann é a mheas i gceart. Ar an taobh pearsanta den scéal, buaileann tú le daoine nua, feiceann tú go leor áiteanna agus rudaí spéisiúla agus foghlaimíonn tú conas deiléail leis na deacrachtaí agus leis na dúshlán a bhaineann le saol a chruthú in áit nua. Fágtar thú ag deireadh na scoláireachta le taithí agus le scileanna a sheasfaidh duit go brách pé treo a théann tú sa saol.

Ní beag an spiorad, an spreagadh agus an dóchas a thug mic léinn Mheiriceá dom i leith thodhchaí na Gaeilge. Tá an Ghaeilge agus an cultúr Gaelach ina n-ábhair mhórtais do na mic léinn i Meiriceá agus bhraith mé chomh bródúil as a bheith i m'Éireannach agus i mo Ghaeilgeoir agus mé i measc na ndaoine seo a bhfuil ardmheas acu ar ár gcultúr. Ní mór eiseamláir na Meiriceánach seo a leanúint d'fhonn an meon dearfach céanna a chothú agus a chinntiú in Éirinn sna blianta atá amach romhainn. Is cinnte go mothaíonn na Meiriceánaigh gur 'féidir leo' agus is cinnte gur 'féidir linn' chomh maith.

Madeleine Ní Ghallchobhair

Tá an t-ádh dearg orm go bhfuil deis agam an Ghaeilge a spreagadh mar ghairm bheatha. Bhí an t-ádh ormsa freisin, go raibh a fhios agam go luath i mo shaol go raibh mé ag iarraidh oibriú leis an nGaeilge amach anseo. Fuair mé mo chéad taithí ar mhodhanna múinteoireachta éagsúla i gColáiste U.I.S.C.E., Co. Mhaigh Eo, deich mbliana ó shin. Nuair a thosaigh mé ag obair ann mar mhúinteoir sa bhliain 2009, bhain mé sár-thaitneamh as fairsinge na hoibre. Chun stór focal nua a thabhairt don rang, bhí mé in ann na scoláirí a thógáil amach chuig páirc na mbád chun rang praiticiúil a bheith againn. Tháinig na scoláirí ar teanga bheo bheatha agus b'iontach an rud é an tsuim a fheiceáil ag lasadh sa tsúil acu. Spreag sé seo mo shuim féin i múineadh na Gaeilge. Lean mé ar aghaidh le staidéar na Gaeilge i gCOBÁC, áit a fuair mé tacaíocht agus spreagadh a sheol ar an mbealach ceart mé ó shin. Shocraigh mé máistreacht a dhéanamh ansin, chomh maith le taithí a fháil ar theagasc na Gaeilge san ollscoil ag an am céanna. Bhí léachtóirí againn a d'iarr orainn iarratas a chur chuig an gCoimisiún Fulbright, chun scoláireacht a bhaint amach.

Chuala mise trácht ar an gCoimisiún Fulbright roimhe sin, ó Oifigeach na Gaeilge i gContae Mhaigh Eo. Bhí scoláireachtaí ar fáil chun staidéar agus taighde a dhéanamh thar lear i Meiriceá, chomh maith le scoláireachtaí chun dul go Meiriceá mar FLTA (Foreign Language Teaching Assistant), múinteoir Gaeilge agus ambasadóir cultúrtha. Is é seo an scoláireacht a bhí uaim. Bhí agallamh agam sa Choimisiún i mBaile Átha Cliath tar éis an fhoirm iarratais a sheoladh chucu. Ar deireadh, roghnaíodh seisear againn chun taisteal chuig na Stáit Aontaithe chun an Ghaeilge agus cultúr na hÉireann a thabhairt do lucht Mheiriceá. Táimse ag scríobh anois ón oifig i gColáiste Lehman, CUNY (City University of New York) sa mBronx agus mé sona sásta mar gheall air.

Bhí seachtain de thraenáil agam in Ollscoil Stanford i dtosach, le caoga FLTA eile ó thíortha ar fud an domhain. Thug mé faoi deara go bhfuil buntáiste agam anseo toisc go bhfuil Béarla líofa agam. Bhí mé in ann mé féin a chur in iúl agus mar sin, bhí deis agam míniú do go leor FLTA eile faoin nGaeilge. Caithfidh mé a admháil, gur baineadh siar i dtosach mé. 'Nach bhfuil Éire mar chuid den Bhreatain?', 'Nach teanga mharbh í an Ghaeilge ar nós na Laidine?', 'Nach canúint aisteach an Bhéarla amháin atá agaibh in Éirinn, an é sin a bhéas tú ag múineadh?', agus an cheist is minice a fuair mé, 'Ó, *Gaelic* atá i gceist agat an ea?'. Tá an-dualgas orainn go deo eolas den sórt seo a scaipeadh. Tá muintir na hÉireann féin scaipthe ar fud an domhain leis na gcéadta bliain agus tá lucht óg na hÉireann ag dul ar imirce aríst anois. Ba cheart dúinn seasamh go bródúil ós comhair an domhain tar éis dúinn seilbh a ghlacadh ar ár dteanga féin.

Tháinig mé ansin chuig Nua-Eabhrac. An-athrú a bhí ann ó Bhéal an Mhuirthead! Bhí mé le múineadh i dtrí ollscoil sa mBronx, Coláiste Lehman, Coláiste Manhattan agus College of Mount Saint Vincent. Sna trí coláistí, tá bun-rang agam. Anuas air sin, tá dhá rang ar leibhéal níos airde á múineadh agam i gColáiste Lehman. Is rang

Léamh agus Scríobh é ceann dóibh agus tá na daltaí sa chúrsa sin ar chaighdeán ard agus compordach comhrá a bheith acu as Gaeilge. Tá rang agam le páistí san Ionad Aisling, lonnaithe i Woodlawn, gach deireadh seachtaine freisin. Bíonn na páistí idir ceithre bliana d'aois agus dhá bhliain déag d'aois agus déantar cluichí, stór focal agus léitheoireacht leo, ag brath ar a gcaighdeáin féin. Táim ag déanamh staidéir ar dhá mhodúl mé féin freisin, roghnaigh mé an Rúisis agus Socheolaíocht an Oideachais don seimeastar seo. Tá súim agam sna teangacha agus is iontach an deis í seo níos mó a fhoghlaim, chomh maith le scileanna múinteoireachta nua a fheiceáil. Tá an Coimisiún Fulbright ag iarraidh go ndéanfaidh gach FLTA staidéar ar mhodúl a bhaineann le cúrsaí Meiriceánacha, sa chaoi go mbeidh tuiscint níos fearr againn ar chúrsaí trasna an Atlantaigh nuair a fhilleann muid ar Éirinn i gceann bliana.

Sa chaoi go mbeadh deis ag m'fhoghlaimeoirí teanga úsáid a bhaint as an nGaeilge taobh amuigh den seomra ranga, bhunaigh mé Cumann Gaelach in CUNY. Chun tús corraitheach a chur leis na himeachtaí, bhí turas againn chuig Gaelic Park, i gColáiste Manhattan chun cluiche Pheil Gaelach a fheiceáil. Toisc go raibh a fhios agam go mbeadh go leor ceisteanna acu, bhí roinnt leathanach ullmhaithe agam roimh ré, ar a raibh Amhrán na bhFiann, téarmaí úsáideacha agus rialacha a bhain leis an gcluiche. Spraoi a bhí ann toisc go raibh m'fhoireann féin, Maigh Eo ag imirt i gcoinne foireann Nua-Eabhrac agus bhaineamar uilig taitneamh as an gcomórtas. Táim i lár Club CLG a bhunú anseo i gColáiste Manhattan le cabhair ón CLG anseo i gcathair Nua-Eabhrac. Tá roinnt peile sna meánscoileanna cheana féin agus tá muid ag iarraidh go mbeidh club ann do na scoláirí sin nuair a thosaíonn siad ar an ollscoil, sa chaoi nach bhfágfaidh siad an pheil. Chomh maith leis sin, má tá roinnt scoláirí ollscoile ag imirt peile, scaipfidh an scéal go sciobtha eatarthu féin go bhfuil a leithéid de chlub ann. Le cúnamh Dé, beidh foireann ag an ollscoil amach anseo freisin agus bogfaimid ar aghaidh chuig na coláistí eile in CUNY agus i gcathair Nua-Eabhrac.

Tá go leor tacaíochta le fáil ó na seirbhísí Éireannacha i Nua-Eabhrac. Idir an Irish Arts Center, an Emerald Isle Immigration Center, an Ionad Aisling agus an NY Irish Center, tá rogha leathan de sheirbhísí ar fáil dóibh siúd a bhfuil suim acu sa Ghaeilge. Tá ranganna Gaeilge ar fáil sna hionaid seo uilig gach seachtain agus is Éireannaigh, nó Meiriceánaigh a bhfuil oidhreacht Éireannach acu a fhreastalaíonn ar na ranganna seo. Is fíor seo i gColáiste Manhattan freisin, ach a mhalairt den scéal atá ann i gColáiste Lehman agus College of Mount Saint Vincent. Meiriceánaigh, Meiriceánaigh Laidineacha agus Meiriceánaigh Afracacha atá iontu don chuid is mó. Anseo i Meiriceá, caithfidh beagnach gach scoláire ollscoile staidéar a dhéanamh ar theanga iasachta agus deir mo scoláirí liom gur roghnaigh siad an Ghaeilge toisc gur cheap siad go mbeadh sí éasca, toisc go bhfuil siad ag iarraidh cuairt a thabhairt ar Éirinn amach anseo, nó fiú toisc go dtaitníonn Guinness leo! Is an-mheascán de dhaoine a dhéanann staidéar ar an nGaeilge anseo agus is beag an t-eolas atá acu roimh na ranganna. Tá an-deis agam agus ag múinteoirí Gaeilge eile anseo Meiriceánaigh a stiúradh i dtreo na hÉireann agus an scéal a scaipeadh faoin stair, faoin gcultúr faoi leith agus faoin teanga atá againn.

Tá turas eile eagraithe anois don Chumann Gaelach, CUNY, le cabhair ón NYIC. Tá grúpa de chúigear déag ag dul chun féachaint ar 'The Pipe', clár faisnéise atá lonnaithe, arís, i Maigh Eo. Cuireann sé gliondar croí orm go bhfuil an deis seo agam cúrsaí ó mo cheantar féin, ar nós cúrsaí peile agus cúrsaí an phobail a thaispeáint do na scoláirí atá agam. Bíonn suim ag na foghlaimeoirí i rudaí taobh amuigh de na leabhair, i rudaí a d'fhoghlaimíomar agus muid inár bpáistí bunscoile. Sna ranganna, bainim an-úsáid as amhránaíocht chun an teanga a mhúineadh. Tá blas faighte acu uilig ar 'Amhrán na bhFiann', 'Beidh Aonach Amárach i gContae an Chláir' agus 'Óró 'Sé do Bheatha Abhaile'. Cabhraíonn sé seo leis an bhfuaimniú dóibh agus leis an bhfoghraíocht. Ag tús gach ranga, cuirim i ndá líne iad, ag féachaint ar a chéile, agus déanann muid agallamh beirt ar feadh deich nó fiche nóiméad, chun cleachtadh a dhéanamh ar an nGaeilge labhartha agus chun a gcuid suime a spreagadh go luath sa rang. Is í seo an chuid den rang is fearr le mo scoláirí, cé gurb í an chuid is deacra dóibh freisin í.

Beidh orainn cinniúint ár dteanga féin a cheapadh. Níl ar an dé deiridh atá sí, ach ag láidriú agus tá buíochas mór tuillte ag lucht Nua-Eabhrac as an sár-obair atá ar siúl anseo chun an Ghaeilge a láidriú thar sáile. In Éirinn, ba cheart dúinn díriú ar an nideog seo. Is í Éire ceann de na tíortha is áille ar domhan agus tá suim ag muintir Mheiriceá cuairt a thabhairt uirthi. Má éiríonn linn suim sa Ghaeilge a spreagadh i dTuaisceart Mheiriceá, beidh sé i bhfad níos éascaí turasóirí a mhealladh i dtreo foinse na teanga ársa seo. Féachaim féin leis an bhfocal a scaipeadh anseo i mbliana faoin méid atá ar fáil in Éirinn agus faoin tábhacht a bhaineann leis an nGaeilge dúinn agus dóibh mar chuid lárnach d'fhéiniúlacht náisiúnta na nÉireannaigh. Cé a deir nach fiú staidéar a dhéanamh ar an nGaeilge? Go bhfuil níos mó suime ag na daoine seo ná ciall? Thóg an Ghaeilge go Nua-Eabhrac mé ar feadh bliana agus mar gheall ar an scoláireacht seo, tógfaidh an Ghaeilge Meiriceánaigh soir go hÉirinn freisin. Is mó áiteanna eile a thógfaidh an Ghaeilge foghlaimeoirí agus múinteoirí sna blianta amach romhainn, má thugann muid aire di.

Derry O'Sullivan

MARBHGHIN 1943: GLAOCH AR LIOMBÓ
(Do Nuala McCarthy)

Saolaíodh i do bhás thú,
is cóiríodh do ghéaga gorma
ar chróchar beo do mháthar
sreang an imleacáin slán eadraibh
amhail líne ghutháin as ord.
Dúirt an sagart go rabhais ró-dhéanach
don uisce baiste ró-naofa
a d'éirigh i Loch Bó Finne
is a ghlanadh fíréin Bheanntraí.
Gearradh uaithi thú
is filleadh thú gan ní
i bpáipéar Réalt an Deiscirt
cinnlínte faoin gCogadh Domhanda le do bhéal.
Deineadh comhrainn duit de bhosca oráistí
is mar requiem d'éist do mháthair
le casúireacht amuigh sa phasáiste
is an bhanaltra á rá léi
go raghfá gan stró go Liombó.
Amach as Ospidéal na Trócaire
d'iompair an garraíodóir faoina ascaill thú

i dtafann gadhar de shochraid
Go gort neantógach
ar a dtugtar fós an Coiníneach.

Is ann a cuireadh thú,
gan phaidir, gan chloch, gan chrois
I bpoll éadoimhin i dteannta
míle marbhghin gan ainm
gan de chuairteoirí chugat ach na madraí ocracha.
Inniu, daichead bliain níos faide anall,
Léas I Réalt an Deiscirt
Nach gcreideann diagairí a thuilleadh
Gur ann do Liombó.
Ach geallaimse duit, a dheartháirín,
Nach bhfaca éinne dath do shúl,
Nach gcreidfead choíche iontu arís:
tá Liombó ann chomh cinnte is atá Loch Bó Finne
agus is ann ó shoin a mhaireann do mháthair,
A smaointe amhail neantóga á dó,
Gach nuachtán ina leabhar urnaí,
Ag éisteacht le leanaí neamhnite
i dtafann tráthnóna na madraí.

STILLBORN 1943: A CALL TO LIMBO
(Translated by Michael Davitt with some suggestions from
the author of the Gaelic original, Derry O'Sullivan)

You were born dead
And your blue limbs were arranged
On your mother's live bier-
Umbilical cord still intact,
An out-of-order telephone line.
The priest said you were too late
For the blessed baptismal water there

Which flowed from Milky Way Lake
To anoint the faithful of Bantry.
You were cut from her
And folded unwashed
In a copy of the *Southern Star*,
World War headlines pressed to your lips.
They made a coffin for you from an orangebox
And your mother listened to the requiem
Hammering in the corridor
As the nurses assured her
That you were a dead cert for Limbo.
Out of the gate of the Mercy Hospital
The gardener carried you under one arm –
A funeral of dogs barked with you
All the way to a patch of nettles
Called the Rabbit Warren.
There you were buried
Without prayer nor stone nor cross
In a shall hole alongside
A thousand other stillborn babies
The hungry dogs waited.
Today, forty years later,
I read in the *Southern Star*
That theologians no longer
Believe in Limbo.
But believe me, little brother,
Whose pupil never saw the light,
When I say to Hell with them all:
Limbo exists as certainly as Milky Way Lake
And it's there your mother lives,
Her thoughts burning her like nettles,
Every newspaper a prayerbook,
As she listens for unwashed babies
In the evening bark of dogs.

SAORÁNACH SEALADACH

Chaith mo scamhóga a gcéad scread
i dtír nach raibh ann.
Thóg Dia an domhan, ach fágadh ár n-oileán
Mar sceitse ar a chlár:
Tír gan tuaisceart amhail béirín dícheannach,
Tír ar cheithre Chúige ach an cúigiú ar iarraidh –
Mura bhfuil sé ceilte i bportach,
Mar a mbaineadh sleán m'athar an mhóin
A ghabhadh i ndeatach suas simléar na scoile náisiúnta
Ag téamh ár mbuidéil chócó am lóin,
Is 'Náisiún Arís' á chanadh go gasta againn.
Saoránach sealadach mé de náisiún taibhrimh,
Deoraí ar an Mór-Roinn,
Gan chead votála i mo thír dhúchais shealadach féin,
Ná i mo thír aíochta.
Thuas le hurnaí an fhaoileáin
A screadann ar na géanna fiáine,
Cumann túis na scoile náisiúnta gan náisiún
Léarscáil scamallach ár gcríocha mara,
Is crochaim mo ghnúis as láthair
Ar SKYPE na spéire os cionn chloig an tSeandúin
Faoina snámhann Cathair Chorcaí ar uisce na Laoi
I dtreo na farraige, i mo threosa i gcéin,
Ag seoladh ealaí is sceitse neamh-thíre
Ón gcamhaoir go cróntráth gach lá.

Le caoin-chead "Feasta" is Pádraig Mac Fhearghusa

TAIBHREAMH FÁINLEOIGE

Loinnir bhuí na maidine
Ar phlandaí na fuinneoige,
A mbéal ar dhath na fola,
Is mise fear fáinleoige.

Feicim grian ar chamall cloiche
Ag ól uiscí Chuan Baoi
Is mise fáinleog ghamail
Ar strae i gcathair liath.

Neadaíonn mo thír mar scamall
Ar phlandaí na fuinneoige,
Osclaíonn seamróg dallóga
Ar phánaí chroí fáinleoige.

VICTOR BAYDA: Is Rúiseach é Victor. Tá sé ina léachtóir le Gaeilge in Stát-Ollscoil Mhoscó agus tá spéis ar leith aige i dteangeolaíocht na Gaeilge.

MARIE DARMODY: Is as Cluain Meala, Co. Thiobraid Árann do Marie Darmody. Bhain sí M.A. amach sa Nua-Ghaeilge (2008) ó Choláiste na hOllscoile, Corcaigh. Chaith sí an bhliain acadúil (2010–2011) ar scoláireacht Fulbright in Ollscoil Notre Dame, Indiana. Is aistritheoir creidiúnaithe í chomh maith le Foras na Gaeilge.

ALAN DESMOND: Is Corcaíoch é Alan, ó dhúchas.Tá tréimshí caite aige mar mhúinteoir Gaeilge i Lublin na Polainne agus i gCorcaigh na hÉireann. Scríbhneoir é a bhuaigh duaiseanna i gComórtais Liteartha an Oireachtais dá shaothar.Tá sé ag gabháil do dhochtúireacht sa dlí i gColáiste na hOllscoile, Corcaigh faoi láthair.

ALEX HIJMANS: Is as an Ísiltír d'Alex, ó dhúchas. Ba iriseoir é le Foinse agus TG4 é sular bhog sé go dtí an Bhrasíl, áit a bhfuil sé ag cur faoi i láthair na huaire. Tá idir ghearrscéalta agus úrscéalta scríofa aige agus beidh a chéad shaothar eile á fhoilsiú go luath.

SÉAMUS MAC FLOINN: Is as Baile Átha Cliath do Shéamus, ó dhúchas. Bhain sé M.A amach sa Nua-Ghaeilge in UCD. Chaith sé bliain in Antigonish, Albain Nua, ar scoláireacht ollscoil Éireann Cheanada. Tá Ph. D. ar bun aige agus tá sé ag obair ar thionscnamh béaloidis in Ollscoil Uladh faoi láthair.

ELAINE NÍ BHRAONÁIN: Is as Baile Átha Cliath d'Elaine, ó dhúchas, ach cónaí uirthi i Nua-Eabhrac le hocht mbliana anuas. Bhain sí M.A amach sa Ghaeilge in UCD. Tá PhD ar bun aici faoi láthair, agus tá sí ag múineadh na Gaeilge agus ag scríobh don *Irish Echo*.

MADELEINE NÍ GHALLCHOBHAIR: Is as Maigh Eo do Mhadeleine, ó dhúchas, ach tá sí ag cur fuithi i Nua-Eabhrac ar scoláireacht Fulbright faoi láthair. Bhain sí M.A amach i Scríobh agus Cumarsáid na Gaeilge in UCD le déanaí.

PÁDRAIG Ó LIATHÁIN: Fuair Pádraig Ó Liatháin a chuid oideachais ollscoile i gColáiste na Tríonóide, idir BA, M. Litt., agus PhD. Tá sealanna caite aige ag léachtóireacht agus ag múineadh i gColáiste na Tríonóide, i gColáiste Oideachais Froebel, agus in Ollscoil Sheárlais, Prág.

DERRY O'SULLIVAN: Is as Beanntraí, Co. Chorcaí ó dhúchas de Derry. Tá cónaí air i bPáras ó 1969. Tá sé pósta le Jean is triúr leanaí Dekin, Isolde is Derval. Bhain sé Duais Sheáin Uí Ríordáin agus trí dhuais eile san Oireachtas ; Cnuasach i bhFraincis '' En mal de fleurs " , foilsithe i Quebec. Tá roinnt aistriúcháin foilsithe sa bhFrainc, sna Stáit Aontaithe, sa Bheilg agus altanna faoina shaothar sa tSeapáin.